W0328021

Rester digne

Ingrid Levavasseur
Avec Emmanuelle Anizon

Rester digne

Flammarion

Un ouvrage publié sous la direction de
Clarisse Cohen

© Flammarion, Paris, 2019
87, quai Panhard-et-Levassor
75647 Paris Cedex 13
Tous droits réservés
ISBN : 978-2-0814-9474-9

« Ne fais pas à autrui
ce que tu n'aimerais pas
que l'on te fasse. »

Prologue

Le 15 octobre 2018, soit un mois avant le début de ce qu'on appelle dorénavant « le mouvement des gilets jaunes », j'avais posté depuis mon petit pavillon de Normandie ce mot désespéré sur le compte Instagram d'Emmanuel Macron :

> Bonjour, monsieur le président de la République. Aujourd'hui, je me permets de venir vers vous parce qu'il me semble que vous êtes « assez proche du peuple ». Je me présente succinctement : je suis Ingrid, divorcée et mère de deux enfants, Emma, treize ans, et Maël, huit ans. Je suis aide-soignante depuis quatre ans, c'est une reconversion professionnelle. Je cumule les CDD et mon revenu ne dépasse pas les 1 300 euros en travaillant six jours sur sept, je fais 900 kilomètres par mois pour me rendre sur mon lieu de travail, je paie : garderie et cantine pour les enfants, comme tous vous me

direz, ainsi qu'un loyer de 700 euros dont 95 euros d'APL. Mais là où je suis très affectée, c'est que si je ne travaillais pas, je bénéficierais d'un droit au Pôle emploi de 1 189 euros par mois avec une révision de l'APL au bout de deux mois de chômage. Et évidemment moins de frais de route et de garde pour mes enfants, le calcul est simple, monsieur le président : je gagnerais de l'argent en restant à la maison pour m'occuper de mes enfants plus qu'en allant travailler. Je pense que l'heure est grave puisque je me demande aujourd'hui ce que je dois faire… être auprès de mes enfants en gagnant plus, ou continuer à travailler en regardant mon réfrigérateur se vider, en me demandant comment je vais faire pour le remplir la semaine prochaine ? Je ne vous accable pas car on ne révolutionne pas le monde en quelques mois, mais est-ce normal ?!

Je n'ai jamais reçu de réponse à ce message. Un mois plus tard, le 17 novembre, les automobilistes étaient appelés, *via* les réseaux sociaux, à occuper les ronds-points et péages de toute la France pour protester contre la hausse du prix du carburant. Signe de ralliement : le gilet jaune fluo que chacun possède dans sa voiture. Cet appel a sonné comme une évidence. J'ai pris mon gilet jaune et je suis allée sur un péage, près de chez moi. Comme trois cent mille autres personnes. Ce jour-là, les téléspectateurs ont vu apparaître sur leurs écrans un petit peuple qui n'avait jamais fait la une des médias. Des travailleurs pauvres qui n'arrivent pas, avec l'argent de leur labeur, à remplir leur frigo ni à boucler leurs fins de mois. Des habitants de la périphérie et des zones pavillonnaires, exaspérés par le mépris des bourgeois du centre-ville. Des citoyens écœurés qui n'ont plus confiance dans les politiques censés les représenter.

Je croyais m'engager pour une journée. Je n'imaginais pas que je plongeais pour de nombreux mois dans le mouvement social le plus long, le plus important que la France ait connu depuis 1968. J'imaginais encore moins que j'en deviendrais une figure. Et que ma vie en serait à jamais transformée.

Ce que je veux vous raconter, dans ce livre, c'est l'histoire d'une métamorphose. Comment, jeune femme inexpérimentée et un peu naïve, j'ai traversé ce mouvement fort et enthousiasmant, mais aussi violent, riche en combines, ego et prédateurs. Comment, ex-enfant battue, ex-compagne humiliée, ex-employée malmenée, j'ai appris à ouvrir les yeux, à relever la tête, à défendre ce que je suis, ce en quoi je crois. Comment, anonyme aide-soignante, j'ai découvert le feu des médias, le poids de la notoriété et la folie qui en découle. Comment, moi qui ne m'étais jamais intéressée à la politique, je me suis passionnée pour la cause collective, retrouvée un temps tête d'une liste pour les élections européennes et, aujourd'hui, cofondatrice d'un parti politique et d'une association d'aide aux familles monoparentales et aux femmes. Comment je suis devenue une femme libre et une citoyenne active.

1

La bascule

Il fait beau, en ce 17 février 2019. Je suis en forme, de bonne humeur. Aujourd'hui, je vais manifester sur les Champs-Élysées, avec les gilets jaunes. Trois mois que ça dure. J'ai décidé de venir en covoiturage BlaBlaCar, comme souvent. C'est plus économique que le train. De Pont-de-l'Arche, la petite commune normande de quatre mille deux cents habitants où j'habite, jusqu'à Paris, il y a une centaine de kilomètres. Je laisse ma voiture sur le parking de la mairie, pour retrouver le conducteur avec qui j'ai rendez-vous. Je monte dans une vieille 106 déglinguée. Le type est jeune, sympa. C'est un musicien qui part à Paris pour répéter en studio avec son groupe. Il ne regarde jamais la télévision, il ne sait pas qui je suis, il doit être un des seuls en France à n'avoir pas vraiment d'avis sur les gilets jaunes. C'est reposant ! Depuis ce 17 novembre où j'ai enfilé pour la première fois un gilet jaune, au péage d'Heudebouville, ma vie a basculé. Jour après jour, à la télé, à la radio, dans les journaux, je raconte et je défends notre cause, celle des travailleurs pauvres qui protestent contre la vie trop chère. Ce qui m'arrive est un peu dingue. Cette médiatisation est un honneur, une sacrée charge aussi. Je ne suis qu'une aide-soignante. Juste avant le début du mouvement, j'avais commencé une formation d'auxiliaire ambulancier, pour essayer de mieux gagner ma vie. Mais très vite, au bout de quelques semaines, j'ai vu que me former et m'engager dans le mouvement n'étaient pas compatibles. Les appels des médias sur mon téléphone interrompaient sans cesse les cours, et j'avais la tête ailleurs lorsque je transportais les patients. J'ai démissionné le 14 janvier 2019. Au même moment, mon petit ami, qui n'était pas gilet jaune dans l'âme et trouvait la pression trop forte, m'a quittée. Ce mouvement aura provoqué bien des ruptures dans les familles et les couples. J'essaie tant bien que mal de protéger mes deux enfants de la tempête. Ma mère m'aide beaucoup. Ce 17 février, c'est d'ailleurs elle qui est venue s'occuper d'eux toute la journée. Parfois, elle reste dormir, quand les émissions se finissent trop tard pour que je prenne le dernier train. Les productions télé me réservent alors une chambre d'hôtel. L'hôtel… J'en parle comme si c'était normal, alors que je n'y avais quasiment jamais mis les pieds avant. Mais c'était avant. Ma vie a tellement changé en trois mois. Tout est allé si vite ! Dans la rue, maintenant, on me reconnaît, on me dévisage. Je dois faire attention à ce que je dis. Le mouvement des gilets jaunes est une tempête qui renverse tout. Et je n'imagine pas encore à quel point, tandis que nous roulons vers Paris.

10 heures. Le musicien sympa me dépose porte de Saint-Ouen. Là, une connaissance m'attend en scooter, elle va m'emmener à l'Étoile. Ce n'est pas vraiment un ami, mais quelqu'un que j'ai rencontré au cours de ces derniers mois. Et qui m'aide. Comme tant d'autres. Pendant que le scooter file dans les rues de Paris, je réfléchis. Je suis secouée, épuisée, mais déterminée. Je pense que c'est maintenant que nous pouvons réduire les inégalités, les injustices, changer le cours de nos vies. Maintenant ou sans doute jamais. Je ne me sens pas le droit d'arrêter. Même si c'est dur et violent. Depuis trois mois, j'ai découvert le meilleur de l'humanité. Cette chaleur, cette chaîne de solidarité, ces amitiés indéfectibles… mais aussi le pire. Je n'imaginais pas à quel point les gens pouvaient être haineux. Depuis quelques semaines, je reçois des tombereaux d'insultes. Parce que j'ai accepté de rencontrer des personnalités politiques pour discuter. Parce que j'ai pris la tête d'une liste gilets jaunes, le Ralliement d'initiative citoyenne, pour les élections

européennes. J'ai déchaîné leur colère. Les gilets jaunes détestent tellement les politiques qu'ils n'imaginent pas qu'on puisse tenter une aventure politique sincère. Face à la brutalité des attaques sur les réseaux sociaux, j'ai abandonné le projet. Aussi, en ce 17 février, je me sens légère. Je viens d'annoncer aux médias que je quittais la liste. Je suis libérée, contente d'aller manifester, redevenue simple gilet jaune parmi les autres. J'y vais d'autant plus tranquille que, la veille, mes ex-colistiers, ceux qui ont partagé le projet de liste européenne avec moi, ont manifesté sans rencontrer de problème.

11 heures : j'arrive à l'Étoile. Sous l'Arc de triomphe, il y a déjà du monde. J'enfile mon gilet jaune. J'ai écrit dessus au marqueur : « Aide-soignante payée 1 250 euros par mois ». Je suis sereine, contente de cette journée qui s'annonce. Je suis venue seule de Rouen. Tout au début du mouvement, en novembre, j'allais manifester avec les gens de ma région, que je connaissais : un employé communal, une infirmière, un mécanicien, un homme en situation de handicap... Je les retrouvais souvent aussi au café ou au McDo, pour parler du mouvement, des projets, des élections européennes. Je voyais bien qu'ils avaient des idées plus arrêtées que moi, pourtant je ne mesurais pas à quel point nous allions évoluer différemment. Au fil des semaines, ils se sont

radicalisés. Nos chemins se sont séparés. Ce mouvement nous a fait tout vivre en plus rapide, et plus extrême.

Aujourd'hui, j'ai donné rendez-vous à un gilet jaune rencontré lors de manifestations précédentes : Hugo, un assistant social qui s'occupe de la réinsertion de prostituées. Il est accompagné de quelques autres, que je vois pour la première fois. Ensemble, nous traversons la place de l'Étoile. Les gens me reconnaissent, me saluent. Des pouces levés, des mercis. L'un me donne un livre, l'autre un gros ballon de baudruche jaune. Je croise un homme avec un cache sur l'œil, imitant Jérôme Rodrigues, la figure des gilets jaunes qui a perdu le sien à la suite d'un tir de LBD (lanceur de balle de défense) des forces de l'ordre. Il m'apostrophe : « Hé Ingrid, c'est n'importe quoi ta liste ! » Je suis habituée à être prise à partie. Je réponds tranquillement : « Ça va, j'ai compris que vous n'en vouliez pas de la liste. Ça fait quinze jours que je me suis retirée ! » Il est désarçonné : « Ah bon ? Tu n'y es plus ? » Nous échangeons, le ton devient sympa. J'ai remarqué que c'est souvent le cas : dès qu'on parle, les tensions se calment. Les préjugés tombent. Je suis de nature patiente, pacifique, calme ; ça aide. Les gens le sentent.

12 heures. La manifestation part. L'ambiance est festive, il y a de la musique. On marche très

vite, comme toujours avec les gilets jaunes. Je ne sais pas pourquoi, c'est comme ça depuis le début : les manifestations se font au pas de charge, à une allure dingue, comme pour se démarquer des manifestations syndicales traditionnelles pépères. Je ne m'en plains pas, vu que je n'ai plus le temps d'aller courir en bord de rivière, au milieu des arbres et des vaches, comme j'adore le faire. Dans le cortège, on discute. Autour, on entend les slogans habituels du type « Emmanuel Macron, oh tête de con » ou « Macron, on vient te chercher chez toi. » Nous arrivons au bout du parcours, au niveau du Champ-de-Mars. Je connais les codes maintenant. Je sais qu'il ne faut pas s'approcher de la tête de cortège, là où se trouvent les black blocs, les ultras de gauche habillés de noir, et tous ceux qui veulent en découdre avec les forces de l'ordre. Là où l'on risque encore plus de recevoir du gaz lacrymogène, sans parler des balles ou des grenades de désencerclement, qui ont fait tant de blessés, de mutilés depuis le début du mouvement. J'étais tellement naïve quand je suis arrivée à la première manif ! Je n'avais aucune protection, comme beaucoup d'entre nous. Ces mois nous ont transformés en combattants.

Le cortège prend une ruelle. Nous suivons le mouvement. Deux hommes baraqués, sans gilets jaunes, m'interpellent : « Tu es une connasse, tu représentes qui, toi ? Nous, on est des mecs de banlieue, on n'a pas besoin de ta gueule ! » Ils sont arrivés par-derrière. Je ne réponds pas. Hugo s'énerve : « Vous vous prenez pour qui pour lui parler comme ça ?! Ce n'est pas un chien ! Vous vous devez de la respecter en tant que femme. » Il est hors de lui, ils battent en retraite. Depuis le début du mouvement, j'ai mesuré combien le fait d'être une femme médiatisée aiguise l'agressivité de certains mâles. Je n'imaginais pas le degré de machisme de ce pays. Dans la ruelle, nous tombons sur un orchestre. Je filme, je me dandine d'un pied sur l'autre, j'ai envie de danser, j'adore la musique. Une dame que j'ai déjà croisée auparavant me dit : « Faut qu'on parle des centrales hydrauliques. » Je préférerais écouter la musique, mais je suis là pour ça : échanger, me nourrir des demandes, pour les restituer ensuite sur les plateaux et les rendre audibles aux décideurs et au grand public. Nous discutons. « Madame Levavasseur ? » Je me retourne. Un journaliste me tend le micro, c'est TF1. Il me pose une question, je n'arrive pas à finir ma phrase, je balbutie « Euh euh… » En réalité, je suis distraite par un drôle de bruit, qui m'inquiète. Je commence à entendre un « Ouououououhhhh ! » qui monte.

Des gens m'encerclent. Comme un essaim d'abeilles. Je sens leur agressivité. C'est moi qu'ils veulent. Je comprendrai plus tard : la tête de cortège a été bloquée dans la ruelle par un cordon des forces de l'ordre, elle a fait demi-tour, est revenue sur ses pas. C'est-à-dire vers nous. Je me retrouve au niveau des durs du mouvement. Ceux qui me détestent parce que j'ai « pactisé avec le diable » en voulant faire de la politique. Ceux qui haïssent mes positions mesurées, mon goût du dialogue. Je les regarde, éberluée, tétanisée. Je vois ce gamin de quinze ans qui sautille devant moi, comme une sauterelle, et qui me fait des doigts d'honneur. Un autre avec son bonnet sur la tête me dit : « Tu n'as rien à faire là, tu te prends pour qui, tu n'es pas légitime, casse-toi ! » J'entends ces mots qui tombent de partout : « sale pute », « enculée », « collabo »... Je crois même entendre « sale juive » sur le moment. On me dira après que non. Mon premier réflexe est de penser : « Ça va être filmé, on va passer pour des cons, BFMTV et les autres chaînes d'info continue vont en faire l'événement de la journée. » Je martèle à ceux qui m'insultent : « Vous donnez une belle image du mouvement ! », et je lève un pouce ironique pour leur dire : « Bravo ! » Misérable défense. Il n'y a que des hommes autour de moi. Ah non, une femme brune, en pull jaune avec la tête de Jérôme Rodrigues dessinée dessus. Elle doit être très belle, mais son visage est déformé par la haine. Elle hurle : « Sale pute » elle aussi. Je ne trouverai donc pas de soutien, même auprès d'une femme. Je la regarde, je me demande : « Pourquoi sale pute ? » Comment ce mouvement peut-il aboutir à tant de haine gratuite ? Les gens sont-ils tellement malheureux qu'ils doivent trouver un exutoire ? Pourquoi suis-je devenue ce bouc émissaire ? J'ai envie de pleurer, de me rouler en boule et de disparaître. Il ne faut pas que je craque. Ma peur se planque derrière mes lunettes de soleil. Les gens se collent encore un peu plus contre moi. J'étouffe. Si l'un d'eux me plante un couteau, je ne peux rien faire. On me tire les cheveux. On me pousse. On veut m'arracher le gilet. Je vais peut-être mourir. On me plaque contre quelque chose. Une voiture. Ils ne pourront pas m'attaquer par-derrière. Des gens se collent à moi sur la gauche. J'entends : « On va la sortir ! » On me happe. Une voix de femme dit : « Souviens-toi de ça : je suis une Insoumise. Tu te rappelleras bien de nous, hein, tu le diras : c'est La France insoumise qui t'a sauvée ! » Je n'en crois pas mes oreilles. Même au pire moment, le parti La France insoumise fait du racolage ! Je la regarde : elle est brune, petite, une soixantaine d'années, porte un gilet jaune. Mais déjà, on me glisse le long de la voiture. Je me laisse faire. Je me retrouve contre un cordon de CRS. Je les supplie : « S'il vous plaît, laissez-moi passer, ils vont me massacrer. » L'un d'eux se tourne vers son supérieur : « Il y a Ingrid Levavasseur, qu'est-ce qu'on fait ? » Une seconde de suspense.

Je suis soudainement soulevée de terre, exfiltrée comme un bouchon de champagne. J'entends : « Ouaiiiiis ! » Je suis sauvée, mais humiliée. Je suis virée de la manifestation et ils crient leur joie.

« Madame Levavasseur ! » Des journalistes me tombent dessus. Leurs micros, leurs caméras… Non, non, je ne veux pas répondre, je fais un signe négatif de la main. Ils s'éloignent. Un homme reste et me filme non-stop. « Arrêtez ! » Je le supplie. Je ne sais pas quoi faire. Je suis hébétée. Mon groupe de gilets jaunes a dû rester dans la manif, de l'autre côté du cordon de policiers. Je lève les yeux. Non, ils ont réussi à passer ! Je leur tombe dans les bras. Ils m'emmènent ailleurs. « Ne t'inquiète pas, on ne te lâche pas. » Des journalistes nous suivent. Je balbutie trois mots. « Madame, une photo avec moi ? Ça fera plaisir à ma femme », me demande un homme. Comme si c'était le moment. « Tu l'as bien cherché, fallait pas venir ! », me jette un cycliste. Nous continuons à marcher. Je retombe sur la femme au pull jaune. Elle est accompagnée d'un type tatoué, qui filme. Elle reprend ses insultes. Je commence à répliquer, et j'abandonne. À quoi bon nourrir la violence. Nous marchons. Cette rue est si longue. Un homme m'arrête encore : « Madame, moi et ma femme, on vous soutient, ce qui vient de se passer, c'est la honte du mouvement ! Vous êtes plus légitime qu'eux tous ! Arrêtez de vous justifier ! Vous êtes courageuse. Prenez soin de vous ! » J'avais tenu face à la haine. La gentillesse me fait craquer. Je m'effondre derrière mes lunettes de soleil. Les gars me donnent un mouchoir. On marche encore. Cette rue n'en finira donc pas. J'entends : « Vous n'auriez pas dû faire cette liste, mais ne vous laissez pas abattre, revenez dans le mouvement. » Je m'assois sur un banc, je sanglote. Le cortège défile face à moi, à 300 mètres. Pourvu qu'ils ne me voient pas. Des CRS courent. Les gars regardent leur portable et sont abasourdis : « Ingrid, tu es en train de passer en boucle sur toutes les chaînes ! » Zut, maman, les enfants, ma famille ! Pourvu qu'ils ne soient pas devant la télé. Je sors mon téléphone de mon sac. Il est saturé d'appels. Et justement, maman : « Comment tu vas Ingrid ? » Heureusement, elle n'a pas vu les images. « Je vais bien, je me suis fait un peu malmener pendant la manif, mais tout va bien. S'il te plaît, n'allume pas la télé, empêche les enfants de la regarder. Je vous raconterai avec mes mots, quand je serai avec vous. » L'adrénaline retombe. Je suis gelée. Je tremble. Mes compagnons veulent que nous repartions. Mais mes jambes ne me portent plus. Je suis vidée. « Je veux aller à la gare, je voudrais rentrer chez moi. » L'un me dit : « J'ai ma voiture à l'arc de triomphe, je vais te ramener. » Je suis soulagée. Je devais revenir en BlaBlaCar ce soir, mais je me sens bien incapable de faire la causette. Je n'ai pas de quoi me payer un billet de train, je ne suis pas sûre que ma carte bancaire passerait.

17 heures. Nous nous posons dans un café. On m'offre un Coca, les gars essaient de détendre l'atmosphère, ils font des blagues. Nous sortons. Il n'y a plus personne dans les rues. Je suis dans ma bulle, je n'entends plus, je me laisse porter. Nous arrivons enfin devant la voiture. Ce n'est pas une bagnole de gilet jaune, c'est une Mercedes coupée. Ça m'inquiète un peu. Je vais partir avec un homme que je ne connais pas du tout. C'est le système gilet jaune. Tout le monde est ami, alors qu'on ne se connaît pas. Il doit sentir ma perplexité, il m'explique qu'il est serveur, qu'il s'est payé cette voiture avec ses extras. Il est divorcé avec un gamin. Nous roulons. Je lutte contre le sommeil, et s'il ne me ramenait pas chez moi ? Il me propose de manger, il a faim. Je suis incapable de sortir de cette voiture, j'ai trop peur que ça recommence. Il me rapporte un hamburger. Je n'ai qu'une hâte, c'est de retrouver mes enfants. Il me dépose à la sortie de l'autoroute. Je n'ose pas refuser lorsqu'il me demande mon numéro. Il est gentil.

Ma mère arrive, avec les enfants dans la voiture. Je suis si contente de les voir. Il ne faut surtout pas que je craque. Elle propose un *fast-food*. Les enfants sont super contents. C'est rare que nous les emmenions dîner dehors. Ils attendent que je parle. J'aurais préféré ne rien dire. Mais je sais qu'à l'école, les copains leur raconteront. C'est déjà arrivé. Aujourd'hui, tout le monde filme tout. Tout circule. Avec Internet, je ne peux rien leur épargner de ce qui m'arrive dans ce mouvement. Emma m'avait déjà engueulée un soir : « Maman, tu aurais pu me dire que tu t'étais fait insulter, je suis passée pour une imbécile ! » Leçon retenue. « Les enfants, je suis allée manifester aujourd'hui, ça ne s'est pas très bien passé. Vous allez sûrement le voir à la télé, je ne veux pas que ça vous inquiète, vous voyez que je vais bien. Ceux qui ont fait ça sont des idiots. » Emma veut regarder les images. Maël, non. Je m'inquiète plus pour lui. C'est un angoissé, dévoreur d'amour, pudique, peu bavard. Depuis le début du mouvement, et avec la montée des insultes et des violences, ses crises d'anxiété ont redoublé. Il se réveille la nuit, il a besoin de plus de câlins, il est plus fragile. Ses résultats scolaires ont régressé. La maîtresse m'en a parlé. J'ai fini par prendre conscience du problème, mais il a du mal à me parler directement de ses difficultés. Aussi, je l'emmène chez une psychologue, une fois tous les quinze jours, ça lui fait du bien, et ça me coûte une fortune : 50 euros par séance, non remboursés. Pour payer, je rogne sur le budget alimentation, qui n'est déjà pas brillant.

Ma mère m'aide aussi financièrement. Elle qui, pourtant, ne gagne pas grand-chose avec son travail d'aide à domicile chez des personnes âgées. Et, ce soir, je me dis que Maël aura encore besoin de sa psy pour un moment.

Nous rentrons à la maison. Je reçois beaucoup de messages de soutien. Je n'ai aucune envie de parler, ni aux journalistes, ni même à mes amis fidèles, ni à mon ex-petit ami, qui s'inquiètent. Demain, je me suis engagée à aller soutenir les collègues de la santé qui protestent contre la fermeture d'une maternité pas loin de chez moi, à Bernay. Je n'ose pas annuler. Je me raisonne. « Ce n'est pas parce que tu t'es fait agresser une fois que tu dois renoncer à vivre. Et puis tu ne seras pas en gilet jaune, tu viens pour une association qui te l'a demandé. » Je m'endors, dans un trou noir sans rêves. Je ne sais pas que le cauchemar, c'est pour demain.

Lundi matin, 18 février, 11 heures. J'arrive à la maternité, avec ma mère et Maël. Ce sont les vacances scolaires. Il y a du monde, des banderoles, une sono, des enfants avec des vélos, des mamies, des soignants. L'ambiance est familiale. J'aperçois quelques gilets jaunes. J'en reconnais. « Comment tu te sens ? », demande l'un. « Vous êtes drôlement courageuse », dit un autre. « Collabo ! », souffle un troisième. Ça ne s'arrêtera donc jamais ? Je plaque mes mains sur les oreilles de Maël. « Je suis là avec ma mère et mon fils. S'il te plaît, tu me laisses tranquille ! » Il se calme. Un membre de l'association organisatrice de la manifestation parle au micro. Il m'envoie un message sur mon téléphone : « J'ai appris que tu étais arrivée, je te fais rapatrier devant pour que tu sois protégée par les CRS. » Protégée par les CRS ? Mais comment peut-on en arriver là ? En plus, ça me fait traverser la foule, je ne suis pas sûre que ce soit une bonne idée. Il s'approche de moi, tout en parlant au micro, et m'accompagne devant. Mon fils s'assoit par terre avec les autres enfants. Je retrouve une journaliste de France 3 que je connais. Elle s'approche. Je lui dis « non » de la main. Surtout ne pas me faire remarquer. Pas d'interview. Elle fait signe qu'elle comprend. Agnès Buzyn, la ministre de la Santé, et les syndicats sont en train de discuter du sort de la clinique à l'intérieur. Nous attendons le verdict. Un gars syndiqué, salarié de la maternité, me demande un selfie pour sa fille qui est « fan ». Je regarde autour de nous, instinctivement, j'ai peur d'être vue. C'est quand même dingue d'en arriver à avoir peur de tout. Ça y est, les délégués sortent, nous nous rapprochons pour écouter. Verdict : la maternité ne sera pas sauvée, elle va fermer. J'entends une voix de femme derrière : « Celle-là, dès qu'elle peut montrer sa gueule à une caméra, elle est là. » Une autre enchaîne : « C'est une sacrée saloperie, elle va porter plainte contre les gilets jaunes, elle se fout de la gueule du monde, cette connasse. » Je me retourne : « S'il vous plaît, je suis avec ma mère et mon fils. Je suis ici en tant que collègue, femme, mère ! Je ne porte même pas de gilet jaune. » Ma mère renchérit : « Et puis elle n'a pas porté plainte encore, taisez-vous ! » Une femme lui agrippe le bras, elle la repousse. Ça va dégénérer, je le sens. « Maman, on part. »

Nous nous frayons un chemin dans la foule. Ils nous suivent en nous insultant, ils sont une vingtaine. Je mets mes mains sur les oreilles de Maël. « Il faut vous protéger ! C'est du grand n'importe quoi, quelle stupidité ! » La journaliste de France 3 est effarée. Elle est accompagnée de son cameraman et de son preneur de son. « Avancez, on vous protège, on fait barrage derrière. » La route monte, ma mère s'essouffle, elle a des difficultés à marcher. Je jette un œil en arrière. Ils sont restés en contrebas. Nous nous ruons dans la voiture, je prends le volant, je roule en silence quelques minutes, sous le choc. Oh non ! Au loin, je les vois : une rangée de gilets jaunes bloque la route dans les deux sens. Ils nous attendent ! Trois cents mètres nous séparent. Je ne peux pas faire demi-tour, il y a un terre-plein central. Je m'arrête. Ils nous ont vus ! Ils avancent vers nous. Je pense à la vidéo de cette femme policière, diffusée deux jours plus tôt, à Lyon, dont le fourgon s'est fait sévèrement bousculer. Elle hurlait de peur. Maintenant, je comprends. Je fais signe aux voitures qui arrivent derrière moi de reculer. J'enclenche la marche arrière doucement. Eux aussi. Les gilets jaunes se rapprochent. Nous reculons tous. Je vois soudain qu'il n'y a plus de terre-plein central. Vite, je fais demi-tour. Je suis dans un film d'horreur. Les pneus crissent. Je fonce dans l'autre sens. Je regarde dans le rétroviseur. Ils font des doigts d'honneur, ils hurlent leur frustration de m'avoir ratée. Ils sont fous. Mon cœur bat la chamade. « J'ai mal au bras », dit ma mère. J'ai peur que ce soit un signe cardiaque, qu'elle soit en train de faire un infarctus. Mais elle me rassure : « C'est à cause de cette femme tout à l'heure, elle m'a fait mal au bras. » Ouf. Je regarde mon petit bonhomme dans le rétro. Mine fermée. Son œil bleu a viré au noir.

Je risque un : « Ça va Maël ? ».

« Non ! (Il crie). Je suis super énervé, maman ! J'ai pas le droit de faire des doigts d'honneur, mais j'avais trop envie !

— Oui, mon chéri, je comprends ! Mais on est bête comme eux si on le fait. Tu as eu raison de t'en empêcher. Maman est fière de toi. »

Silence. Il reprend :

« Maman, c'est bon là. Tu vas l'enlever ton gilet jaune. »

Silence. Je réponds :

« Oui, Maël. Je ne le mettrai plus. Je n'ai plus envie.

— Moi non plus maman, je n'ai plus envie. »

Le soir même, sur ma page Facebook, j'écris :

Je suis née et j'ai grandi contre la haine. Non pas celle de mon père, qui me battait. Ni celle de mon beau-père, qui faisait de même. Mais la haine qui voulait s'inviter en moi, comme un instinct de survie face à la violence la plus injuste qui soit. La plus douloureuse, aussi. J'ai toujours repoussé la haine pour ne pas la laisser m'envahir et faire de moi son jouet [...]. Ce que j'aimais, dans ce rayon de soleil jaune fluo qui a percé notre hiver, c'était justement l'invitation à ne pas haïr. Ne pas haïr les puissants qui nous exploitent et nous méprisent, mais trouver la force, ensemble, de leur dire leurs quatre vérités. Ne pas haïr nos situations impossibles, nos trains de vie de misère dont les puissants n'ont même pas idée, mais en parler et comprendre comment les améliorer. Et ne pas nous haïr les uns les autres. Nous unir en dépit de nos sensibilités politiques, de nos différences d'origine, de sexe ou d'âge. Rester soudés. [...] J'ai goûté un plat connu : celui de l'intolérance. Du non-dialogue. De l'insulte délirante [...] Le plat où l'on finit normalement le visage en sang et où l'on repart pour une année d'obéissance sans moufter [...] Je suis Ingrid Levavasseur. La gilet jaune qui veut donner à notre mouvement le poids politique qu'il mérite. Qui veut mettre sa médiatisation au service de tous ceux qui se sont levés. Qui croit aux vertus du dialogue et de la solidarité. Je porterai plainte – je le peux, aujourd'hui. Pour continuer de ne pas avoir à haïr. Pour aider celles qui n'ont pas la force de se battre. Pour montrer à tous que l'impunité des injures et des violences faites aux femmes, c'est terminé.

Dans la réalité de mon petit pavillon, je fais moins la fière. Ma mère et mes amis proches m'ont appelée, sont venus me voir, m'ont entourée de leur chaleur et de leur stupeur. J'ai été incapable de sortir de chez moi pendant deux jours. Murée dans ma trouille. Impossible de faire des courses. Nous avons vidé les paquets de pâtes. Le troisième jour, je prends mon courage à deux mains. Je vais faire un *drive*, pour éviter de sortir de ma voiture. Je me rends compte que je n'ai plus d'essence. Je m'arrête à la station. Pendant que je remplis le réservoir, un camion se gare derrière moi. Merde, il a un gilet jaune sur le pare-brise. Il va descendre et venir me casser la gueule ! J'ai mal au ventre, je suis tétanisée. Je finis par lever les yeux : le camionneur, toujours dans sa cabine, m'adresse de grands « coucou » et brandit ses pouces levés ! Ce serait comique, si j'étais capable d'en rire. Mais je remonte dans ma voiture sans demander mon reste. Il m'a fallu encore plusieurs jours pour arriver à marcher dans la rue, à parler aux parents à la sortie de l'école. Ce ne sont pas des amis. Je ne connais pas grand-monde à Pont-de-l'Arche. Nous sommes installés là depuis un an à peine. Les gens me reconnaissent, je le vois dans leurs yeux, mais ils restent à distance, polis.

Terrée chez moi, j'ai lu et écouté tous les messages de soutien. Des centaines. L'un a retenu mon attention. Une avocate me dit que je dois porter plainte. Elle appelle de la part de Julien Bayou, le porte-parole de EELV (Europe Écologie-Les Verts), que j'ai rencontré une fois et qui a été très choqué par les images de la manifestation. Elle souhaite m'aider, me propose ses services gracieusement. Je voulais porter plainte, mais je ne savais pas trop comment m'y prendre. Dans mon monde, on ne fréquente pas les avocats. Je l'appelle. Elle travaille à Paris. Oui, je vais prendre le train et aller la voir. Oui, je vais continuer à me battre, mais sans gilet jaune. Comme je me suis toujours battue, dans cette drôle de vie qui a été la mienne.

2

(RE)NAISSANCE

Je suis née à Évreux, en Normandie, le 26 mai 1987. Je suis la deuxième d'une tribu de quatre enfants. Ma mère travaillait à l'usine. Mon père était électricien, je crois. J'écris « je crois », parce qu'il passait plus de temps à boire qu'à travailler. Il était très grand, charpenté, roux, comme je le suis, avec les mêmes yeux bleus. Quand il n'avait pas bu, il était très serviable et apprécié des autres. J'ai deux souvenirs forts, dans notre maison de Saint-Nicolas-du-Bosc. Le premier : nous sommes partis en balade à pied tous les six, et il pleut des cordes. Nous revenons trempés, nous nous collons au chauffage avec des couvertures, les uns contre les autres, nous rions. Le deuxième souvenir est celui d'une fuite : mon père vient de frapper une énième fois ma grande sœur de onze ans, ma mère hurle pour qu'il cesse. Il lance à travers la pièce une grosse soupière. Ma mère s'est retrouvée à plusieurs reprises déjà aux urgences, pour une fourchette plantée dans la cuisse ou des tessons de bouteille cassés sur la tête. Il lui est arrivé aussi de se réfugier dans le cimetière du village pour échapper aux coups. Cette fois, elle prend mon frère dans ses bras et ma petite sœur par la main, ma sœur aînée tient la mienne, nous traversons le jardin, nous courons dans la rue. Il pleut. Nous atterrissons chez des voisins, qui nous cachent pour la nuit. Évidemment, mon père se doute que nous sommes là, il nous cherche. Nous nous terrons une partie de la nuit sous les lits. D'autres amis prennent le relais. La maison, située près du Neubourg, dans l'Eure, est très grande, la chambre où nous dormons est tout en haut de l'escalier. Sur le mur, il y a la photo d'un clown qui pleure. Mon père vient nous chercher, là aussi. Nous nous cachons soit dans le grenier, soit dans le sous-sol derrière de gros sacs de pommes de terre. J'ai peur de faire du bruit, rien que par ma respiration.

Nous sommes recueillis après quelques semaines dans un foyer pour femmes battues, à La Haye-Malherbe. Nous restons plusieurs mois dans ce lieu merveilleux, havre de sérénité et de bonheur. Il y a quatre ou cinq familles. Et une balançoire dans le jardin. Nous logeons dans une grande pièce, avec un lit superposé, un lit de deux places et un lit de bébé pour mon petit frère. Les femmes se retrouvent dans la cuisine commune.

Elles ont toutes fui une situation de violence. Je me souviens des rires, de la chaleur humaine, et cette impression d'être protégée et au chaud, au sein d'une communauté bienveillante. Quasiment toutes sont restées en contact avec ma mère d'ailleurs. De temps en temps, l'une craquait, avouait à son bourreau où elle se cachait. Il arrivait, on entendait des cris, généralement elle résistait, et il repartait bredouille. Mon père, lui, n'est jamais venu.

Je commence une année de CP dans le village, mais ma mère trouve un travail de femme de ménage, et nous emménageons dans une petite ville voisine, à Louviers. Dans l'appartement, il y a une table, quatre chaises et des matelas. Mon père est interdit de visite, il vient de temps en temps tambouriner à la porte, derrière laquelle nous calons des meubles pour bloquer. Nous tremblons tous de peur. Nous attendons parfois des heures, après son départ, avant de pouvoir de nouveau vivre normalement. À l'école, ils ont des instructions, il ne doit pas nous récupérer à la sortie. Pour le premier Noël, ma mère part chercher des grosses branches de sapin dans la forêt. Dans l'immeuble, des voisins ont sans doute conscience de notre situation, et accrochent deux poupons baigneurs à la porte. Je suis tellement heureuse !

J'ai sept ans. Ma mère nous dit qu'elle a rencontré un homme, et elle souhaite nous le présenter. Nous montons dans notre vieille voiture bleue. Pendant le trajet, je lui dis : « Je te préviens, si je ne l'aime pas, je le jette par la fenêtre ! » Il me déplaît instantanément. Je le trouve moche, il est petit, brun, le regard très noir. Il porte un perfecto noir, met du Pento dans ses cheveux, il lui manque des dents, il n'a pas son permis de conduire. C'est un type paumé. Je repars très sceptique. Je ne l'ai jamais aimé… mais je n'ai jamais pu le jeter par la fenêtre. Très vite, il s'immisce dans notre vie de famille. Il commence par fumer ses Gauloises et boire du café dans la cuisine. Puis il emménage avec nous, et les vrais ennuis commencent. Comme ma mère fait des ménages dans des bureaux, elle n'est pas présente pour nous le matin avant de partir à l'école, ni le soir pour notre coucher. Désormais, il faut obéir aux règles de mon beau-père : le salon nous est interdit, nous devons rester dans nos chambres. Le matin, il faut attendre qu'il se lève, qu'il ait terminé son café et sa cigarette, pour pouvoir sortir de notre lit et venir manger. Après l'école, pas question de traîner. Cinq minutes de retard, et c'est des baffes. S'il y a des invités, il ne faut pas se montrer. La télé, c'est pour lui. Il a un système de programmateur, pour que nous ne puissions pas l'allumer dans son dos. Notre univers se rétrécit à notre chambre. Nous étouffons, nos jambes nous démangent, nous tournons en rond, avec notre unique Monopoly et nos BD de *Lucky Luke* que nous connaissons par cœur. Mais en franchir le seuil, c'est risquer la punition. Par exemple, être privé de nourriture et la voir donnée au chien. Ou celle qui me fait si peur : mon beau-père pose un manche à balai devant la baie vitrée. Nous devons nous mettre à genoux dessus, les bras écartés derrière la tête. Cela fait très mal aux genoux. En bas, nous voyons les enfants jouer librement dans le jardin. S'ils lèvent les yeux, ils peuvent sûrement nous voir. C'est humiliant. Si nous ne gardons pas les bras bien écartés, nous recevons une claque.

Face à ce type que nous n'aimons pas, nous nous serrons les coudes entre frères et sœurs. Ma mère, elle, refuse de voir. Je n'arrête pas de lui dire « Il est con, et il nous maltraite. » Ce à quoi elle répond : « Sans lui, on n'aurait pas à manger », ou encore : « Être maltraité, c'est être enfermé dans un placard et avoir des brûlures de cigarettes sur le corps. » De fait, je ne suis pas enfermée dans un placard et je n'ai pas de brûlures de cigarettes sur le corps, elle a donc sûrement raison : je ne suis pas maltraitée. Je n'ai aucun repère ni éléments de comparaison. Je ressens de la colère, de la frustration, des pulsions de rébellion, mais je pense : « S'il n'est plus là, on ne pourra plus manger, et ce sera de ma faute. » Dans ma petite tête d'enfant, ces mots ont leur poids. Il m'est déjà arrivé d'accompagner ma mère à la Croix-Rouge et au Secours catholique. Je l'ai entendue décliner ses ressources, son quotient familial… et répondre à des questions du genre : « Vous avez combien d'enfants ? Quatre ? Alors, je vous donne tant d'œufs, tant de bouteilles de lait… » J'ai senti sa honte, j'ai pleuré la mienne, je n'avais qu'une trouille : que des voisins ou des copines de l'école nous voient dans cette situation. Je me pose déjà cette question, que je me poserai si souvent ensuite, et qui sera vingt ans plus tard celle des gilets jaunes : pourquoi n'arrive-t-on pas à se nourrir en travaillant tellement ?

Mon beau-père adore ma petite sœur. C'est la seule de nous quatre à n'être pas rousse, elle est brune comme lui, les gens lui disent qu'elle lui ressemble. Ma grande sœur, quant à elle, est considérée comme un modèle sur lequel prendre exemple. Mon frère et moi, nous sommes les vilains petits canards. J'essaie de tout bien faire pourtant. Je ne sors pas, je travaille bien à l'école. J'aimerais être la gamine en qui on peut avoir confiance, pour qu'on m'aime. Mais aux yeux de mon beau-père, je suis la pire. Il dit toujours : « De toute façon, elle finira avec un bougnoule et une tribu de gamins, une bonne à rien. » À l'école, je suis en marge. Je ne connais rien des séries que ceux de mon âge regardent, ni des musiques qu'ils aiment. J'écoute sans pouvoir participer à leurs conversations sur *Friends* ou *Beverly Hills*. Dans la cour, je ne joue pas avec eux. J'envie leurs vêtements à la mode, leurs baskets Air Max, leur liberté ! Ils font des virées kebab ou cinéma. J'ai quand même une amie, Hélène. Elle est jolie, brune, les traits fins, et ses mains sont toujours impeccables. Quand mon beau-père n'est pas là, je vais chez elle en cachette. Et là, je mesure le décalage. Elle prend sa douche une fois par jour ; chez moi c'est le bain, une fois par semaine. Elle a des parents géniaux et rigolos, avec qui elle peut parler. Des sœurs avec lesquelles elle peut rire et faire du bruit. Chez elle, il y a du Nutella, dont je me goinfre, et de l'amour. Ça me fascine. Et on lui fête son anniversaire, avec un gâteau et des bougies ! La première fois que quelqu'un m'a présenté un gâteau pour mon anniversaire, c'était mon petit-ami, pour mes dix-sept ans. J'étais estomaquée.

Je vois bien que ça ne tourne pas rond chez nous, mais pendant longtemps je ne proteste pas. Rétrospectivement, je ne comprends pas le silence de mes nombreux oncles et tantes. Ils savaient, ils n'ont rien fait pour nous sortir de la maltraitance. J'en ai aussi longtemps voulu à ma mère de ne pas nous avoir assez protégés et aimés. Je comprends à présent qu'elle a fait ce qu'elle a pu. Sa vie n'a pas été facile. Elle a eu une enfance très dure, elle a commencé à travailler à quatorze ans. Elle n'a pas fait d'études, d'ailleurs je lui écrivais souvent ses courriers. Les rapports avec elle étaient assez frustes. Pas de marques d'affection, pas de câlins, ni de mots d'amour. La tendresse, j'en recevais de ma grande sœur, qui avait cinq ans de plus que moi et qui s'occupait de nous. Elle savait nous consoler après les humiliations infligées par le dingue. Elle nous prenait dans ses bras, j'aimais aller dans sa chambre et me coller contre elle. L'odeur de sa peau m'a toujours réconfortée, j'imagine que ça doit être ce que ressentent normalement les enfants pour leur maman. Ma sœur est et sera de nombreuses années le tuteur contre lequel je m'appuie pour arriver à pousser droit. C'est d'ailleurs à elle que je dédiais mes dessins de petite fille, y compris ceux de la fête des Mères. Quand on grandit sans l'amour de ses parents, on grandit dans l'incertitude. Je rêvais déjà de celui que je donnerai à mes propres enfants. En attendant, je couvrais mes poupées de baisers.

Ma sœur part de la maison à dix-sept ans, après un CAP de coiffure, pour s'installer avec un homme de dix ans de plus qu'elle. Que deviendront nos câlins ? Vers qui pourrai-je me tourner quand j'irai mal ? Je suis triste, mais je la comprends, j'ai moi aussi envie de fuir. Je récupère naturellement sa charge, sans moufter. À douze ans, je m'occupe des deux petits, je prépare les repas, je fais le repassage. J'aime bien, ça me permet au moins de sortir de ma chambre. Je guette l'horloge : « 18 h 30, c'est l'heure. » Je vais dans la cuisine. J'ai quinze minutes pour préparer un truc sommaire, genre haricots verts-omelette. Parfois, c'est du café au lait, surtout le dimanche soir. 18 h 45, nous devons être à table, 19 heures tout doit être fini. Nous mangeons en silence. Si un fou rire arrive, et il explose forcément de temps à autre, nous le payons cher en punitions. Ensuite, je lave la vaisselle, ma petite sœur essuie, mon frère nettoie la table. Lui retourne fumer ses Gauloises devant sa télé. Nous devons nous coucher dans la foulée, en se tournant le dos, sans se parler. Il laisse la porte de la chambre entrebâillée, afin de nous surveiller. Il fait des rondes. Aucun chuchotage autorisé.

Mon beau-père veut que nous fassions du twirling. Du twirling ! Nous nous retrouvons avec ma sœur en patins à roulettes et minijupes, à faire tourner une baguette ! Je nous trouve ridicules. Je suis nulle. Moi, je rêve de devenir sapeur-pompier volontaire. À treize ans, j'effectue un premier stage, c'est une révélation. Je découvre ce qui va devenir mon passe-temps favori, mon oxygène, et qui le reste encore vingt ans après. Même pendant le mouvement des gilets jaunes, j'ai poursuivi mes formations. Lorsque je suis d'astreinte et que le bip sonne, ce que je ressens est indescriptible.

Quand quelqu'un compose le 15 ou le 18, c'est qu'il a besoin d'une aide urgente, que tout va mal. Ça sonne, je pars. Je ne réfléchis pas. Plus rien n'existe autour. Il y a l'adrénaline et l'imaginaire. Nous nous faisons une idée, et quand nous arrivons sur le lieu, ce n'est jamais ce que nous avons imaginé. Parfois, on a juste un peu besoin de nous, d'autres fois c'est très grave. Le temps ne compte plus. Nous sommes là, nous devons aider l'autre, quel qu'il soit, et quoi qu'il advienne. Évidemment, à treize ans, je ne pars pas encore en intervention, mais je déroule les tuyaux, j'apprends les manœuvres incendie, je m'entraîne physiquement, j'aime cette ambiance. Je sens que suis là où je dois être. Et ce sentiment, je ne l'ai pas éprouvé souvent.

À la fin de la classe de troisième, on nous donne à l'école une feuille verte nous demandant de choisir l'orientation souhaitée pour l'année suivante : seconde générale ou spécialisation professionnelle. J'aime l'école, j'y suis plutôt bonne, et j'ai un rêve professionnel : devenir sage-femme. Je coche donc spontanément la case « seconde générale ». Le soir, je pose la feuille pour la faire signer, comme à mon habitude, sur la grosse table en chêne achetée chez Emmaüs, cirée une fois par semaine. Je vais dans ma chambre. Pour moi, c'est une formalité. Mon beau-père et ma mère sont là. Ils m'appellent. Mon beau-père me lance :

« Tu ne crois quand même pas qu'on va te payer des études, tu vas faire comme ta sœur, il y a le CFA pas loin, tu choisis un métier là-bas. » Je suis stupéfaite. Mon rêve d'avenir s'écroule. Et je vais en plus quitter mes amies qui partent toutes au lycée. Je reprends la feuille raturée en ravalant mes larmes. Je n'essaie même pas d'argumenter. À quoi bon ? J'ignore à l'époque qu'on aurait pu demander de l'aide, obtenir une bourse. Personne ne me dit rien, ni à l'école, ni à la maison. Ma mère n'envisage même pas une autre solution, elle n'a pas le bagage intellectuel pour cela. Je retourne tête basse dans ma chambre. À la maison, il n'y a pas de communication, pas de discussion. Seulement des ordres.

Je regarde la liste des CAP proposés par le CFA (Centre de formation des apprentis) : coiffeur, boucher, vendeur, serveur, etc. Serveur, c'est bien : les horaires sont décalés, ça m'évitera de voir mon beau-père. Je me retrouve donc apprentie serveuse en gastronomie. Je n'ai évidemment rien à faire là. Mon professeur de français désespère et martèle que je dois retourner en filière générale. J'y apprends malgré tout les bonnes manières, les codes d'une société dont je ne soupçonnais pas l'existence : me tenir droite, avoir les mains manucurées, utiliser les bons couverts au restaurant. J'y découvre aussi le plaisir d'une vie libre et « normale ». Avec mon premier salaire, environ 300 euros, je m'achète de la brioche, du saumon fumé et quelques vêtements. Le bonheur ! Et puis ce salaire me permet de préparer petit à petit mon départ. Semaine après semaine, j'économise, j'achète de la vaisselle, des verres, des serviettes, et même une cafetière. Dans ma penderie, mes achats s'accumulent. Ma liberté.

J'ai un petit copain. Je l'ai rencontré au camping de Dives-sur-Mer, où mon beau-père et ma mère louent une caravane. Christophe est désamianteur. J'ai seize ans, il en a sept de plus. Il vient souvent me chercher à la maison avec sa voiture, m'offre des petits cadeaux, m'emmène au kebab ou au McDo. Le grand jeu. Je suis très amoureuse, j'existe aux yeux de quelqu'un ! La même année, il me propose d'aller aux sports d'hiver. Je suis ravie. En classe de neige, j'avais adoré la montagne, sa blancheur, son silence, sa beauté. Mon beau-père m'interdit d'y aller, mais pour la première fois, je n'obéis pas. Je pars. Mon copain, son frère et sa belle-sœur s'engueulent et picolent pas mal. Quant à moi, je découvre avec délice la réalité de ces expressions : « boire un verre sur les pistes », « acheter des souvenirs », « manger une fondue au restaurant ». À mon retour, mon beau-père ne m'adresse plus la parole. Un soir où il est ivre, il m'insulte. Pour la première fois, je lui réponds et je lui dis qu'il est fou. Il me cogne, me secoue, et me propulse avec un coup de boule dans la baie vitrée. Je me retrouve avec un œuf sur le front. Ma mère le fiche dehors. Pendant quelques heures, je crois que nous pourrons enfin vivre en paix. Je rêve d'un nouveau beau-père gentil, qui prendrait soin de ma mère et de nous. Mais, dès le lendemain, ma mère s'inquiète pour lui parce qu'il ne répond pas au téléphone. Elle appelle les hôpitaux et les commissariats. En fait, il a été arrêté et mis en cellule de dégrisement. Il revient à la maison. L'ambiance est irrespirable. J'en veux à ma mère de choisir cet homme qui nous maltraite physiquement et psychologiquement depuis trop d'années, je la trouve faible. C'est moi qui pars. À mon tour, j'abandonne ma petite sœur et mon petit frère.

J'ai seize ans et demi. Je prends mon carton de vaisselle, mes quelques affaires, et je m'installe avec Christophe. Nous habitons un petit F2bis, une chambre avec un salon/alcôve, dans un quartier un peu chaud de Rouen, les Vieux Sapins. C'est un HLM, avec des cloisons minces comme du papier à cigarette, nous entendons tout chez les voisins, mais nous y sommes heureux. Je termine mon apprentissage de serveuse, trouve un petit boulot à Rouen dans un bistrot. L'ambiance est joviale, vivante, stimulante, j'aime bien. Je parle à plein de gens, je me fais draguer, je découvre mon pouvoir de séduction, je rigole tout le temps. Je touche à peine 1 000 euros de salaire par mois, mais Christophe, lui, gagne bien sa vie : autour de 1 800 euros. Il est mon héros, mon sauveur. Je suis sa princesse qu'il emmène quasiment tous les soirs au fast-food. Je prends 10 kilos en quelques mois, et je tombe enceinte. Un an plus tôt, j'étais allée voir ma sœur à la maternité. Devant toute ma famille, j'avais déclaré : « L'année prochaine, c'est mon tour. » Ils ont cru que je plaisantais. Mais non, c'est bien mon tour. Ce bébé, c'est l'accomplissement de tout ce que je n'ai jamais reçu, la revanche sur l'absence d'amour. La naissance d'Emma est la révélation tant attendue : l'explosion d'amour, celui qui vous comble et vous remplit le cœur et le corps, celui, absolu, d'une maman pour son bébé. Je suis tellement heureuse. Après mon congé maternité, je ne cherche pas de travail. À quoi bon ? Il me coûterait plus cher de faire garder Emma ! Je trouve normal de m'occuper d'elle pendant que Christophe part en déplacement. Beaucoup de femmes dans mon HLM ont adopté ce modèle de vie.

Quand Emma a deux ans, nous nous marions, davantage pour faire plaisir à nos familles que par conviction. La soirée est nulle : Christophe pète les plombs parce que mon beau-frère lance à la cantonade qu'il veut retirer ma jarretière avec ses dents. Au quotidien, mon mari se montre de plus en plus jaloux et possessif. Je dois rendre compte de mes horaires, de mes déplacements, des personnes que je vois, alors que je suis d'une sagesse folle. Je ne bois pas, ne fume pas, ne sors pas. Depuis mon accouchement, je pèse quatre-vingt-quinze kilos. Christophe m'insulte beaucoup : « Tu es un gros tas de merde », « Tu t'es regardée ? Tu es grosse. » Quand je m'exprime en public et qu'il estime que je me trompe, il gronde la petite fille obèse que je suis devenue et me pince fort le gras du bras. Il boit trop. Je déteste cette vie, je sens que quelque chose cloche. Mais quoi ? C'est comment un couple heureux ? Je n'ai pas de modèle autour de moi, pas de repères, personne avec qui en discuter. J'essaie un temps de me séparer de Christophe. Il a un accident de moto sous l'emprise de l'alcool, il se retrouve immobilisé durant des mois dans un corset avec un risque prononcé de paralysie. Je culpabilise, il revient vivre à la maison. Je m'occupe de lui, je lui fais ses shampoings et sa toilette au lit. L'équipe de soignants du CHU m'a montré les gestes techniques pour la mobilisation, le retrait du corset qui part des reins jusqu'à l'occiput (l'arrière de la tête). Il reprend le travail au bout de quelques mois d'arrêt. On lui propose un gros chantier de désamiantage à Saint-Nazaire. Si je le suis, je n'abandonne aucune carrière, jusqu'ici je n'ai fait qu'additionner des petits boulots sans intérêt : du *phoning*, du travail à la chaîne, serveuse… Lui, il a un vrai métier. Nous avons une belle occasion de changer de vie. Et, je veux le croire, de rafistoler notre couple.

Je quitte ma région pour la première fois. Nous nous installons dans une maison, à Saint-Dolay, dans le Sud du Morbihan. Le loyer est à peu près identique à celui de Rouen, 610 euros au lieu de 550, mais on double notre surface, avec trois chambres et un grand jardin. J'adore cette vie à la campagne, loin de tout, avec jardin potager, chien, chat et poules. Je cherche un travail. Je vois une annonce dans une boulangerie, quelqu'un cherche une aide pour déballer des affaires sur les marchés. Je ne sais pas pourquoi, je réponds. Et je fais une des plus importantes rencontres de ma vie. Marie est camelote. Avec son mari, Gérard, elle vend des râpes à légumes. C'est une belle femme brune aux yeux marron, d'une cinquantaine d'années. Elle me plaît tout de suite. Elle est pétillante, dynamique, souriante, douce. Cet été-là, tous les matins à 6 h 30, je laisse Emma à la voisine, et je monte dans la camionnette pour faire la tournée : Auray lundi, La Baule mercredi, Le Croisic jeudi, Pornichet samedi, La Baule dimanche… Avec Marie, nous parlons beaucoup. Sa vie me fascine. Elle me raconte ses voyages, l'éducation des filles de Gérard, qu'elle aime comme si c'étaient les siennes, la construction de leur maison. Une vie simple et trépidante à la fois. Ils travaillent dur tous les deux, gagnent bien leur vie. Ils s'aiment et se parlent avec respect. Je les trouve beaux. Sans le savoir, ils me montrent ce qui est important dans la vie. Les valeurs. Je prends conscience de tout ce que je n'ai pas vécu. Pour la première fois, je parle de moi. Ma relation de couple. La rupture avec ma mère, à qui j'en veux encore tellement à l'époque. « À cause d'elle, je n'ai pas pu faire d'études, j'ai une vie de merde. » Je raconte le manque de modèle masculin. Quand j'ai eu dix-huit ans, ma mère s'est séparée de mon horrible beau-père parce qu'il la trompait. Elle s'est remise en couple assez rapidement avec un autre homme. Elle a délaissé mon petit frère et ma petite sœur, qui ont mal tourné. Bagarres, mauvaises fréquentations, délinquance. Marie écoute longuement, et me conseille de renouer avec ma mère : « Dis-lui ce que tu ressens. » Elle a raison, cependant il me faut du temps pour pardonner.

J'adore travailler avec Marie, mais ce travail ne me rémunère pas assez. Je trouve un boulot de femme de chambre au Mercure de La Baule. Drôle de métier. J'aime assez le principe : tu entres, la pièce est sale ; quand tu repars, tout doit être nickel. J'apprécie ce sentiment très concret de devoir accompli. Mais il faut aller très vite, je suis très grosse, je transpire beaucoup à l'effort. Et les gens laissent leur chambre dans un état lamentable. J'ai retrouvé des couches de bébé et des protections hygiéniques ouvertes dans les salles de bains ! C'est quoi cette façon de prendre son prochain pour une merde ? Dans les couloirs, les clients ne te voient pas, ne te disent pas bonjour. Je n'ai jamais été aussi peu considérée de ma vie. J'ai quarante minutes de route pour y aller. Je travaille à perte, l'essence me coûte trop cher. J'arrête au bout de trois mois.

Grâce à Marie, je trouve un boulot de vente d'encarts publicitaires. Je fais des kilomètres avec ma Citroën ZX, je rencontre des artisans, je renoue avec une forme de vie sociale. Cela me plaît bien, mais les journées à rallonge sur les routes ne sont pas très conciliables avec les besoins de ma fille. Surtout que mon mari est lui aussi toujours en déplacement. Et ce n'est évidemment pas lui qui va changer de travail. Je me fais embaucher chez un cuisiniste. Les horaires de boutique sont plus raccord avec mes impératifs familiaux. Je fais 30 kilomètres le matin et autant le soir. Je suis contente, les collègues sont sympas, et j'obtiens de bons résultats à la vente. Mais pendant la période d'essai, je découvre que je suis enceinte de quatre mois. Je suis tellement grosse, que je n'ai rien vu. Quand on pèse 95 kilos, plus rien ne se voit. Je suis en période d'essai, je me fais virer illico. Je m'en moque, la naissance de Maël me rend infiniment heureuse. Je suis une maman épanouie.

Après cette deuxième grossesse, je prends encore plus de poids. Je monte à 120 kilos. Je n'ai pas été éduquée à bien manger, Christophe non plus. Chez nous, les légumes sont en conserve, les fruits frais inexistants. Je prépare des féculents à tous les repas, avec mayonnaise et ketchup. Quand ce ne sont pas des pâtes, ce sont des frites. Les placards sont pleins de Nutella, chocolats et biscuits apéritifs. Nous buvons des sirops sucrés, jamais d'eau, même pendant les repas. Et je me goinfre. J'ai toujours eu peur de manquer, je mange jusqu'à en avoir mal au cœur. Je me lance dans un tas de régimes, que j'abandonne toujours. Je reprends aussi sec les kilos perdus. Je suis très complexée. Je ne supporte plus ces cuisses qui se frottent l'une contre l'autre, qui me font mal et se transforment en blessures ouvertes si je marche trop. Je ne supporte plus de transpirer rien qu'en montant les marches pour aller à l'étage de la maison, et ces petites perles de sueurs qui me coulent le long du dos sont abominables. Au bord de la mer, je ne me baigne quasiment jamais. Un jour, je craque. Mon fils a quatre mois, et je n'ai plus rien à me mettre, je pars avec Christophe chez Kiabi. J'essaie un pantalon taille 56, je ne rentre pas dedans. J'ai honte. Je me mets à pleurer. Christophe passe sa tête derrière le rideau. « Pourquoi tu chiales ? » Il voit mon pantalon à mi-cuisse : « Ce n'est pas grave, je vais aller te chercher la taille au-dessus ! Mais grouille-toi, j'en ai marre d'attendre. » Du 58 ? Non ! Je ne veux pas d'un pantalon taille 58. Je repars sans rien acheter. Je prends rendez-vous avec mon médecin généraliste, et je le supplie : « Je veux qu'on m'enlève cette graisse, je veux un bypass, un anneau gastrique, n'importe quoi, mais qu'on me règle mon problème. » Lui me dit qu'il faut d'abord essayer avec un nutritionniste. Mais j'ai déjà vu une diététicienne, ça n'a pas marché. Et puis ça coûte cher, je n'en ai pas les moyens. J'insiste : « Je voudrais me faire opérer. » Il refuse et m'envoie chez un médecin généraliste spécialisé en nutrition et agréé par la Sécurité sociale.

Le cabinet est situé à Guérande, à 40 kilomètres de chez nous. Nous y allons, avec Christophe et le bébé. Le médecin est une femme. Le contact passe bien. Elle me donne confiance. Elle est très à l'écoute, dynamique, pétillante. Elle a mis des photos de ses jumeaux sur son bureau. Elle ne me juge pas, me fait parler de ma façon d'être. « Il vous suffit d'un rééquilibrage alimentaire. » Elle m'explique : « Vous devez manger des légumes. Avec moins de sauce. Vous avez le droit de vous faire plaisir. Si vous avez envie de manger des gâteaux, prenez plutôt des petits-beurre. Apprenez à vous écouter. Quand vous n'avez plus faim, arrêtez-vous. » J'en sors requinquée. Je ne dis rien à personne. J'applique ce qu'elle préconise. Je retourne la voir tous les quinze jours. J'y vais seule avec Maël, que j'allaite. J'adore ces rendez-vous. Je pose le cosy à côté de ma chaise, et nous parlons un peu d'alimentation, beaucoup de la vie. C'est un entretien bonheur. Je me sens si bien à chaque fois en sortant. Et ça marche. Entre chaque séance, je perds des kilos, elle me pèse et me mesure, c'est tellement satisfaisant. Elle m'encourage : « Vous vous rendez compte ! C'est comme si vous vous délestiez de packs de plomb ! Portez dix litres de bouteilles d'eau, vous verrez ce que vous avez déjà perdu ! » Je le fais, en rentrant chez moi. Et elle a raison.

J'ai perdu 25 kilos, mais j'en pèse encore 95. Je dois faire du sport. Je décide d'aller courir, ça ne coûte rien et c'est facile. Ma voisine Nadège garde Maël. Je me suis acheté des baskets, et j'ai un objectif : le tour de l'étang. Je sais que j'ai l'air ridicule dans mon caleçon de course. Une vraie saucisse ! La graisse bouge de partout ; je transpire, ce n'est pas agréable. Mais je m'en fiche. La première fois, je cours 200 mètres, et je crache mes poumons. La fois suivante, j'en fais 300. Au fil des jours, j'augmente la distance. Et j'arrive à boucler le tour complet de l'étang ! Quelle victoire… Les mois passent, j'atteins 70 kilos. J'ai perdu 50 kilos en un an ! Je garde encore dans ma penderie un pantalon de cette époque. Parfois je tombe dessus et je me dis : « Un jour, tu as mis ça. » Un peu comme mon gilet jaune… À cette époque, le regard des hommes change. Je me rends compte que je séduis, je me laisse pousser les cheveux, je commence à être bien dans ma peau. J'ai l'impression de renaître. Mais bizarrement, mieux je vais, moins ça fonctionne avec Christophe. Il veut un troisième enfant, alors que je rêve de me construire professionnellement et de m'ouvrir au monde. Je prends rendez-vous chez le gynéco pour me faire poser un stérilet. Christophe croit que je bluffe, il veut que je prenne la pilule pour que je puisse arrêter la contraception du jour au lendemain. Il m'accompagne jusque dans le cabinet pour essayer d'influer sur mon choix : « Tu ne le feras pas. » J'ai mal après la pose, il s'en réjouit : « Tant pis pour toi, tu as fait une connerie. » Il me fait la gueule pendant des jours. Il ne supporte pas l'idée que je gagne en indépendance. Plus mon corps s'amincit, plus je lui échappe. Je commence à avoir des copines dans le village. Je lui demande de temps en temps de garder les enfants pour aller à la piscine avec elles. Il ne faut pas que je sorte si les enfants ne sont pas encore couchés, il ne veut pas avoir à s'en occuper.

14 juillet 2011 : bal des pompiers. J'ai repris une formation de pompier volontaire, contre l'avis

de Christophe, et j'ai proposé un coup de main à mes futurs collègues, dans ma future caserne. Mon mari refuse de s'y rendre avec moi, mais il ne veut pas non plus que j'y aille seule. Je passe outre. Toute la soirée, il m'envoie des insultes par SMS. « Tu ne pourras pas rentrer, j'ai mis les clefs sur la porte. » À mon retour, la porte est effectivement fermée, je tambourine. Il ouvre, menace de me frapper, je le repousse. « Tu n'es qu'une salope ! » Il me plaque contre le placard, enserre mon cou de sa main.

« Maman ! » Ma fille, mon petit bout de six ans, nous regarde du haut de l'escalier ! Je mesure le spectacle qu'on offre. Je ne veux pas qu'elle vive ce que j'ai vécu. Je ne veux pas qu'elle grandisse avec cette image de femme soumise et battue. Je refuse de continuer ce cycle infernal, transmis de génération en génération, de mère en fille. À cet instant, je sais que ma vie doit changer. Christophe est surpris, il lâche prise. J'en profite pour me libérer, je monte les escaliers et je m'enferme avec Emma. Il s'excuse derrière la porte. Mais c'est trop tard.

Quand Christophe quitte la maison quelques jours plus tard, je suis soulagée. Un peu paniquée aussi. Je suis en congé parental, avec deux enfants, un chien, un chat, des poules et un jardin potager. J'allaite encore Maël qui a neuf mois, il faut que je trouve une assistante maternelle et un emploi. Je suis seule, j'ai une vie pourrie sans travail et sans argent, mais, pour la première fois, je me sens libre. Débarrassée de cette pression masculine qui pèse sur moi depuis toujours. Je reprends les marchés avec Marie, puis le premier job qui me tombe sous la main. J'emmagasine des produits au rayon frais de Netto. C'est physiquement épuisant, nous travaillons dans le froid, à des horaires impossibles. L'ambiance est affreuse, le patron harcèle le personnel, dénigre tout le monde, y compris sa propre femme. Personne n'ose rien dire, par peur de perdre sa place. Mais moi, je n'accepte pas de travailler dans ces conditions. Je me suis promis que je ne me laisserais plus jamais maltraiter. Je démissionne au bout de quinze jours. Que faire à présent ? Je suis trop seule. Christophe est parti vivre à 500 kilomètres. Comme des milliers de parents solos, je dois affronter seule les soucis quotidiens liés aux enfants, réveils nocturnes, énurésies, rhumes et autres maux de dents. Je ne peux indéfiniment faire appel aux voisins pour qu'ils me dépannent. Les amis ont leurs propres soucis. Et puis ma vie sociale s'est rétrécie depuis que mon mari n'est plus là. Une femme célibataire fait peur, à croire qu'elle est contagieuse.

Sur les conseils de Marie, et depuis la naissance de Maël, j'ai renoué avec ma mère. Maintenant qu'elle était grand-mère, je pouvais essayer de lui donner sa place. Le passé ne doit pas indéfiniment condamner le présent. Je lui ai proposé de venir quelques jours en Bretagne, il n'y a pas eu de longs discours, ni d'explications. La communication verbale est difficile entre nous, les regards suffisent. Elle a pris plaisir à s'occuper de mes enfants, c'était nouveau. Je l'ai découverte, j'ignorais qu'elle était capable de donner de la tendresse avec des mots et des câlins. Ce que je n'ai pas reçu d'elle, au moins mes enfants l'auront. Depuis le départ de Christophe, elle est encore plus présente, elle fait tout pour me soutenir. Elle me suggère de revenir en Normandie. Elle me promet qu'elle pourra m'aider si je viens habiter près de chez elle. Trouver un logement à distance, sans fiche de paie, sans revenus fixes, c'est difficile. Ma grande sœur connaît l'adjointe au maire d'Heudebouville, qui a un appartement à louer. Cette dame sait que je n'ai pas de travail, mais elle m'accorde sa confiance. J'obtiens le logement. Dans une vie, il y a des mains tendues qu'on n'oublie pas.

Pour financer mon déménagement, je pars travailler une dernière fois avec ma chère Marie, trois semaines pleines sur un marché de Noël. Ma mère vient garder les enfants chez moi, elle prépare aussi les derniers cartons. Marie loue un gîte, dans lequel nous rentrons dormir chaque soir. Nous échangeons beaucoup sur la vie. Je la regarde préparer des plats faits maison, mettre la table du petit-déjeuner la veille pour le lendemain. Chez elle, tout est organisé, sain, serein, doux, réconfortant. Je me sens bercée, cocoonée. Quel bonheur ! C'est une vie comme celle-ci que je veux désormais construire, pour moi et pour mes enfants.

3

Prendre soin des humains

« Et infirmière ? Vous ne voulez pas être infirmière ? » La femme qui s'occupe de mon dossier à la mission locale de Louviers vient de passer un long moment avec moi, à discuter de mes rêves professionnels. Quand je lui parle de ma vocation brisée de sage-femme, elle me lance : « Et infirmière ? » Je hausse les épaules : « Évidemment j'aurais adoré, mais je n'ai pas mon bac, ce n'est pas possible. » Elle rétorque : « Mais si, vous pouvez commencer par une formation d'aide-soignante. Ensuite, après trois ans d'activité professionnelle, vous passez le concours d'infirmière. » Infirmière ! Je sors du bureau avec les yeux qui brillent. Cette femme m'ouvre d'un seul coup un avenir !

Je suis installée à Heudebouville depuis quelques mois, dans le très mignon et tout petit appartement dégoté par ma sœur. Nous avons une jolie vue sur la Seine et la campagne. Je me suis inscrite dans une agence d'intérim et j'ai testé différents jobs. Chez Hermès Parfums, j'ai contrôlé les flacons, la tige, le bouchon, le codage, l'étiquette, l'emballage, j'ai mis en carton... Un labeur on ne peut plus routinier et monotone, pour 1 400 euros. Chez Schneider Electric, j'examine des petites pièces en métal et des bobines électriques, j'assemble le tout, je vérifie la qualité des produits, et ce sans m'arrêter pour obtenir le quota demandé. Je gagne bien ma vie, entre 1 800 et 2 000 euros, mais je trouve que le sacrifice est trop important. Les horaires sont pourris, je fais une semaine les VSD (vendredi/samedi/dimanche) de nuit et la semaine suivante les SD (samedi/dimanche) de jour. Autant dire que je ne vois pas mes enfants. Et surtout, il manque l'essentiel. Je ne veux pas m'enfermer dans cette activité sans âme, je passe des heures à assembler ces pièces, tout en cogitant, je n'ai d'ailleurs que ça à faire. Ce travail ne peut pas me rendre heureuse.

Parallèlement, j'ai réussi mes tests d'entrée pour devenir sapeur-pompier volontaire, je ne pensais pas que j'en serais capable. La formation initiale est rude et intense, on ne nous fait pas de cadeaux. Je noue des liens fraternels avec mes futurs collègues, de ceux que l'on ne connaît que dans ces métiers difficiles. Je suis passionnée par ce que j'apprends. J'intègre enfin le centre de secours dans lequel je suis affectée. Les premières interventions ont lieu ; les hommes me mènent la vie dure, ils me testent. Certains sont des sapeurs-pompiers professionnels et ont du mal à accepter les volontaires, de sexe féminin de surcroît ! Ma première intervention restera gravée à vie dans ma mémoire. Le bip sonne. Je suis comptabilisée en plus sur l'effectif (lorsque l'on débute, on est doublé quelque temps afin de prendre nos marques), il est écrit sur le ticket de départ : « TA par arme à feu » (comprendre tentative d'autolyse). Je suis inquiète, mais l'adrénaline balaye mon inquiétude, le chef d'agrès (c'est-à-dire le sapeur-pompier responsable de l'équipe et de notre véhicule) m'apostrophe : « Tu veux être un vrai pompier ? On va voir ce que tu vaux ! » Je ne comprends pas tout de suite ce qu'il sous-entend. Nous arrivons sur les lieux, un homme a tenté de se tuer avec son arme à feu en se tirant dans la tempe. Le chef d'agrès, qui joue toujours les gros bras avec moi, genre « super mâle/super héros/super pompier », me dit avec un petit rictus satisfait : « Toi, tu te mets à la tête et tu ventiles ! » Je ne me démonte pas, l'homme est inconscient, en arrêt cardiaque. Je prends le BAVU (ballon à valve unilatérale), je le pose sur le nez et la bouche de la victime. Il a le visage explosé, j'essaie de faire abstraction du spectacle d'horreur. « Superpompier » me scrute, il attend ostensiblement que je vacille sous ses yeux. Mais je sais pourquoi je suis là, je sais ce que je fais. Je suis là pour cet homme si désespéré qu'il a commis un acte irréparable. Le SMUR arrive, je poursuis l'intervention jusqu'à la fin. L'équipe me félicite, sauf « Superpompier » qui continuera de me tester jusqu'à mes derniers jours dans cette caserne.

Avec la dame de la mission locale, je cherche les endroits où je peux préparer le concours d'aide-soignante. L'idée de travailler dans le secteur médical me réjouit. Je postule. Je passe un entretien pour une préparation au concours, devant un jury de femmes. L'une d'elles, les cheveux très courts, blancs, m'interpelle : « Une très bonne infirmière c'est d'abord une très bonne aide-soignante, et je sais ce dont je parle. » Je sens quelque chose de fort chez elle. Claudia sera une de ces rencontres importantes qui m'ont permis d'avancer dans la vie. Une femme, encore. J'obtiens l'accord de suivre la préparation au concours d'aide-soignante. Un matin, je me retrouve assise sur un banc, avec mes cahiers et mes stylos, au milieu d'une vingtaine d'autres femmes et de trois hommes. J'y passe quatre mois. C'est à 35 kilomètres de chez moi, de l'autre côté d'Évreux, ma voiture n'est pas toute neuve, mais elle tient. Les copines, les fous rires, les exposés à plusieurs… J'ai l'impression de redevenir ado et de vivre enfin ce que j'aurais dû vivre à cet âge, je m'épanouis, je suis heureuse. Tous ces gens qui me côtoient ne connaissent pas mon passé, mes boulets, mes souffrances. Je suis encore obèse dans ma tête, pas dans leurs yeux. Je me transforme au contact de ce nouveau monde, je sens que mon esprit s'ouvre. C'est magique. Je noue des relations d'amitié avec Claudia, la formatrice. Nous nous voyons souvent à l'extérieur, pour boire un thé, un café. Elle a été infirmière toute sa vie et son métier la passionne. Elle aura bientôt soixante-cinq ans, elle aime son mari, les gens, et elle a une vision optimiste de l'existence. Je trouve en elle un modèle, comme l'a été Marie. Être sapeur-pompier c'est beau, mais, au fil de ces quatre mois, je découvre un autre niveau d'humanité, un apprentissage de l'empathie, de la compréhension de l'autre, de la prise en charge de la souffrance. C'est fou, ce que j'apprends. Je passe deux concours dans deux écoles, et j'obtiens dix-neuf à l'oral dans les deux. Quatorze et quinze à l'écrit. Je choisis l'école qui compte le moins d'élèves par classe et je pars pour dix mois de formation intense. Très intense. Avec son lot de larmes et de doutes : c'est un boulot fatigant, exigeant, qui nécessite d'avoir fait un travail sur soi, d'être bien dans sa tête. Il faut éviter le transfert psychologique sur sa vie personnelle, écouter les besoins de l'autre en laissant ses opinions et son histoire de côté.

Pour mon premier stage, je suis envoyée en Ehpad. Je devine tout de suite que je ne vais pas aimer travailler là. Ces lieux de fin de vie sont tellement tristes ! Ils me renvoient à ma grand-mère et à ma propre vieillesse. Quel regard porterai-je sur ma vie quand j'aurai leur âge ? Est-ce que j'aurai encore des proches ou serai-je seule au monde, comme certains que je vois ? Je me souviens de ma première toilette. C'est une expérience inoubliable de nettoyer pour la première fois le corps de quelqu'un que l'on ne connaît pas. Cette vieille dame est totalement dépendante, je dois la déshabiller, la tourner, la laver, tandis qu'une aide-soignante à côté me donne des consignes. J'ai appris à l'école les règles d'hygiène, les techniques de soin avec les gants, la solution hydro-alcoolique, le changement d'eau des bassines. Mais je découvre qu'il ne s'agit pas seulement de laver et de suivre des règles. Il s'agit de prendre en considération l'humanité de l'autre. Respecter sa pudeur, comprendre son corps, sa douleur, ses petites habitudes, ses blocages. Déshabiller doucement, mettre une serviette, commencer par les bras et les mains et remonter progressivement pour ne pas apeurer. Faire attention à ces détails qui n'en sont pas, les vêtements qu'elle aime, son parfum, sa crème, pour ceux qui en ont. La plupart n'ont rien.

Je ne pourrai jamais oublier non plus l'arrivée dans les chambres le matin. Les rideaux et les fenêtres sont fermés, les personnes sont bien souvent restées sans bouger sur le dos, toute la nuit. L'odeur des urines et des protections pleines de selles est suffocante. Je me mets à leur place, même lorsqu'elles sont inertes, et qu'il n'y a pas d'échange. Si j'étais elles, je voudrais qu'on aère ma chambre, qu'on me fasse voir le jour, qu'on me change de position, qu'on me lave, que tout soit propre, rangé et sente bon autour de moi. Je m'y attelle avec énergie. Je suis contente du travail accompli, je me dis que le patient, que j'ai assis sur son fauteuil, doit l'être aussi. Mais déjà, il faut passer à l'autre chambre. Au fil des jours, je prends vite conscience que je m'abîmerais trop à rester dans ce genre de service. On s'attache aux patients, et on finit toujours par les voir mourir. Je me souviens par exemple de cette patiente britannique atteinte d'Alzheimer, qui ne parlait qu'anglais. Elle avait vécu toute sa vie en France, mais seule sa langue maternelle lui restait. Je l'aimais beaucoup. Elle chantait tout le temps une comptine d'enfant, qui me trotte encore parfois dans la tête.

Les stages se succèdent et ne se ressemblent pas. On peut se retrouver une fois en rééducation, à travailler avec des personnes autonomes qui vont vers le mieux et se battent pour s'en sortir.

L'ambiance est sympa et positive. La fois d'après, on atterrit dans le service des personnes en état végétatif chronique (EVC) où règne le désespoir. J'y ai pris soin d'une jeune fille de vingt-deux ans qui avait commencé des études d'infirmière et avait eu un accident de voiture…

Une chose est sûre en tout cas : je ne me suis pas trompée de voie. J'aime l'univers médical, et ce métier de soignant. Plus les soins demandent de la technicité, plus ils m'intéressent. Dans chaque service où je travaille, je rencontre des personnes profondes et riches, dont certaines resteront des amies. Pendant toute cette période, ma sœur et ma mère tiennent parole. Elles m'aident beaucoup, s'occupent des enfants. Ma mère vient dormir chez moi quand je suis de garde. Et continue de le faire aujourd'hui. Sans cette organisation familiale solide, je n'aurais pas pu rebondir.

Je finis mon école début décembre 2014, on me propose un contrat de contractuelle à l'HAD (Hospitalisation à domicile), pour la semaine suivante. À l'HAD, comme son nom l'indique, c'est l'équipe médicale qui se déplace chez les gens, et non l'inverse. Le patient, même s'il a besoin de soins très lourds, peut ainsi rester chez lui, dans un univers familier, ce qui est beaucoup plus agréable. Et il ne bloque pas une chambre d'hôpital, ce qui coûte moins cher à la Sécurité sociale. On ne me précise pas à l'embauche un point important : 80 % des soins effectués à l'HAD sont des soins palliatifs, c'est-à-dire des soins d'accompagnement à la mort. C'est forcément très éprouvant. Si on m'avait prévenue, j'aurais peut-être refusé. Et je serais passée à côté d'une expérience formidable.

Je commence et je m'enthousiasme totalement pour ce boulot. J'aime tout ! Travailler à domicile permet de nouer des relations beaucoup plus fortes avec les patients. Les soins sont diversifiés et techniques comme j'aime, avec de l'antibiothérapie, des pansements complexes, de la chimiothérapie. Je fonctionne en binôme avec une infirmière, cela me passionne. Ensemble, nous passons douze heures d'affilée dans la même voiture, nous partageons l'écoute, les fous rires, les émotions, la fatigue… Nous rencontrons des malades de toutes les conditions, de tous les âges. Nous passons d'une habitation très chic et propre à un logement insalubre, de patients très riches à des patients misérables. Je me souviens de cet homme, paralysé des membres inférieurs, avec une trachéotomie, que nous prenions en charge parce que personne ne voulait s'en occuper. Nous entrions chez lui, ça sentait très mauvais, des enfants en bas âge allaient et venaient, sa femme et lui fumaient clope sur clope. Les draps étaient toujours sales, le chat pissait sur le lit, qui était submergé de déchets, de bouteilles d'alcool vides.

Le sol collait sous les chaussures. Il y avait un amoncellement de biberons, la maman ne les lavait pas, elle en rachetait des neufs ! Nous arrivions avec notre matériel médical, nos exigences d'hygiène, et nous devions bosser dans ce cauchemar… C'était inimaginable ! Mais à deux, nous vivions ces moments en nous serrant les coudes. Le nombre de fous rires nerveux que nous avons eus dans la voiture !

J'apprends à accompagner des gens en fin de vie. Un de mes premiers patients est un homme volontaire et drôle. Il possède plusieurs restaurants avec son épouse, une jolie maison ; ils ont deux enfants. Je m'attache à cette sympathique famille. Il continue à travailler dans son entreprise malgré son cancer, il est épatant. Je me persuade qu'il va s'en sortir. Mais il enchaîne les chimiothérapies, et bientôt je comprends que c'est fini. Je le vis mal. C'est hélas une des réalités de mon travail. Je dois me blinder, ne pas faire de transfert émotionnel. J'apprends à masquer mes émotions. Ce patient n'a pas su que c'était la fin. C'est souvent le cas. Les malades ne demandent pas si c'est terminé pour eux. Ils veulent garder un espoir. Quand je suis face à eux, je me demande : « Jusqu'où savent-ils ? » Lorsque l'on prend soin de quelqu'un sur le point de décéder, les gestes et les mots sont particuliers. Je me souviens de cette patiente en phase terminale. Elle a la cinquantaine, un mari fou amoureux, des enfants très présents. Je l'accompagne pour sa dernière journée. C'est la première fois que je masse un patient dans le but unique de lui faire plaisir et de le détendre, avant la fin. Juste un toucher réconfortant… Je garde en mémoire, précisément, la détresse de la famille autour, nos échanges, l'odeur de cette chambre où elle est décédée, et jusqu'au prénom de son premier petit-fils.

Ce travail est très fort humainement, épuisant physiquement et psychologiquement. Il arrive que nous passions deux heures avec un patient quand le planning n'en prévoit qu'une. Comment faire autrement, quand il en a réellement besoin, que les soins sont complexes ? Ce temps passé en trop nous est immanquablement reproché par la cadre du service, lorsque nous rentrons au bureau le soir. Le décalage entre les chiffres que l'on nous brandit et l'humanité de ce qu'on vit avec les patients me devient vite insupportable. J'adore ce métier, mais je me rends compte au fil des mois qu'il y a un problème de fond. À mon arrivée à l'HAD, j'ai vu une infirmière qui pleurait tous les jours. Elle est rapidement partie ouvrir son cabinet libéral, et, au fil des mois, j'ai compris son désarroi. Nous travaillons comme des dingues, on nous rappelle pendant nos heures de repos et de vacances, on ne nous paie pas nos heures supplémentaires. Une expertise du service a été effectuée par un cabinet indépendant, elle a révélé des cas de *burn-out* et des risques de suicide. En réponse, la hiérarchie a viré le médecin fondateur du service qui dénonçait les conditions de travail ! À quel moment la société se décidera-t-elle à prendre soin de l'humain qui prend soin des humains ?

Novembre 2017, je suis chez un jeune homme de dix-huit ans. Il a une pathologie dégénérative. Nous nous occupons de lui depuis des mois, nous connaissons bien sa famille. Nous avons noué des liens de confiance et ce n'était pas gagné : au début, sa maman ne voulait même pas nous laisser lui faire ses soins. Aujourd'hui, c'est la fin. Toute la famille est là, ses parents, ses beaux-parents, son frère, un prêtre… Je suis sur le lit, à genoux à côté de lui. J'appuie sur son thorax pour l'aider à respirer. Si j'arrête, il meurt. C'est très éprouvant. Il est conscient. Plusieurs fois, je crois que c'est fini, je suspends mon geste, je l'accompagne par la parole, et je l'entends me souffler : « Ta gueule, appuie. » J'appuie encore et encore. Dès que je suspends le geste, il répète : « Appuie ! » Le temps s'écoule. Mes bras se tétanisent, quarante-cinq minutes que j'appuie sur le thorax de cet enfant pour lui libérer les voies aériennes. Ma collègue infirmière appelle le médecin, qui était déjà rentré chez lui, pour qu'il vienne aider le mourant à se détendre et à partir dignement. C'est un professionnel dévoué, il nous rejoint sans rechigner, il administre le médicament, caresse tranquillement la joue du jeune homme. Je lui suis infiniment reconnaissante de rester, de nous soutenir dans ces derniers actes de prise en charge. Jamais je n'oublierai le dernier regard de ce gamin. La mère pleure, tout le monde pleure. Je ne dois pas craquer. J'ai fait ce qu'il fallait. Nous nous occupons de sa toilette, nous lui mettons des vêtements. Il est si jeune. Il est beau. Je suis anéantie. Dans la voiture, je m'écroule, en larmes. Ma collègue est tout autant bouleversée. Elle prononce cette phrase qui restera gravée : « Ingrid, je ne te l'ai jamais dit. Mais si tu avais des doutes sur ta vocation d'infirmière, sache que je n'ai aucun doute pour toi. »

Nous rentrons au bureau. Nos collègues ont fini leur journée depuis longtemps, mais elles nous attendent, par solidarité, parce qu'elles savent ce qu'on vient de traverser. Nous débriefons. Je rentre chez moi à pas d'heure, au milieu de la nuit, pour rejoindre ma mère qui a gentiment, comme si souvent, accepté de garder les enfants. Et je me dis : « On traverse des situations si difficiles, ce que l'on vit est hors du commun. À quel moment est-on considéré pour ce que l'on fait ? Y aura-t-il un jour un minimum de reconnaissance ? »

Les vacances de Noël arrivent. La cadre m'appelle : « J'ai besoin de vous. » Une collègue est malade. J'accepte d'y aller sur mon temps de vacances, mais à la condition que cela soit compté en heures supplémentaires. Surtout que je dois faire garder mes enfants. J'y vais deux fois douze heures, et une fois six heures. La semaine d'après, je vois sur le planning commun à l'équipe qu'elle ne m'a pas compté les heures supplémentaires. Je l'informe de l'erreur. Elle me répond : « Oui, j'ai fait ce que je pouvais, mais ce n'est pas possible. » Je ravale ma colère. Nos conditions de travail sont de pire en pire, avec des modifications de planning dans tous les sens, des remplacements dans d'autres services dont nous sommes prévenues au dernier moment… J'arrive un matin de février, la cadre me dit d'un ton sec : « Mais qu'est-ce que vous faites là ? Je vous ai laissé un message sur votre portable, hier soir, vous êtes censée aller ailleurs. » Je perds mon calme et lui réponds que nous ne sommes pas des pions. Elle se met alors à pleurer et à crier. Tout le staff est là, autour de la table. Consterné. Je craque moi aussi, je suis en larmes. Ce n'est pas parce que je suis en contrat à durée déterminée qu'on doit me prendre pour un chien. Je décide d'aller voir les syndicats. C'est la première fois de ma vie que je les sollicite. Je descends au sous-sol où leurs bureaux sont situés, je découvre trois noms de syndicats sur trois portes, rien que ça ! Je ne sais pas à laquelle frapper, j'entends des rires derrière l'une d'elles, je rentre, et dès les premiers mots je me remets à pleurer. Ils comprennent, ils connaissent parfaitement les problématiques de ce service, le rapport du cabinet d'expertise, le *turn-over* et les cas de burn-out avérés. Je suis incapable de retourner travailler. Ils informent la cadre du service qu'elle devra prévoir un autre agent sur mon poste, vu mon état. Mon médecin me met en arrêt. Je demande à rencontrer les cadres, accompagnée d'un représentant syndical. J'apprends alors qu'ils me chassent de l'HAD et qu'ils ont décidé de m'affecter en maison de retraite. La cadre de pôle me dit : « C'est ça ou la démission. » Celle du service me toise du regard comme si j'étais une petite merde. Ce n'est pas une femme très intelligente, je me demande depuis mon arrivée comment elle est parvenue à obtenir son poste. Elle passe son temps à tortiller des fesses dans les couloirs et à jacasser, elle fait établir les plannings par ses agents et récolte le fruit de leur travail. Quand elle s'en charge elle-même, elle se trompe et fait revenir des gens pour rien. Elle gère deux services et joue du système, en prétextant toujours être dans l'autre service quand on la cherche. Elle est en réalité souvent chez elle, surtout le mercredi. Tout le monde le sait, mais personne ne dit rien. Les gens se couvrent.

J'ai vu ce qu'est le travail en Ehpad, je ne le supporte déjà pas en temps normal, mais là, dans l'état où je suis, la perspective est au-dessus de mes forces. Le médecin m'arrête deux mois. C'est la première fois de ma vie. Toute cette tension accumulée depuis près de trois ans. Depuis si longtemps. Cette fatigue immense... et cette déception aussi. J'ai tellement cru en ce travail. Je sais que je pourrai en retrouver un facilement ailleurs. La fonction d'aide-soignante est tellement ingrate et mal payée que la main-d'œuvre manque partout. Mais j'aime l'HAD, mon boulot, mes collègues et les patients. Et on me vire simplement parce que je me suis plainte de conditions que tout le monde dénonce par ailleurs ! Je pleure tous les jours. Je ne m'habille plus le matin. Je vois un psy. Je vis une véritable descente aux enfers. Un burn-out. Les syndicats ont demandé à mes collègues d'écrire des lettres de témoignage en ma faveur. Mais celles-ci ont eu peur, la cadre de pôle les ayant menacées d'être virées elles aussi, comme l'ont été avant moi deux infirmières. Quasiment toutes mes collègues sont des contractuelles, espérant être un jour embauchées. Elles n'ont pas osé, elles se sont tues. Je ne leur en veux pas, je les comprends, même si je pense qu'en nous unissant, nous aurions pu inverser le rapport de force. Certaines d'entre elles sont devenues mes amies les plus chères, Aurélie, Caro, Hélène,

Julie et Séverine me rendent visite quasi quotidiennement à l'époque. Elles sont encore là aujourd'hui.

Au bout des deux mois, je prends rendez-vous avec la cadre du service où je suis affectée d'office. À peine me suis-je présentée que je me mets à pleurer. Elle se montre compatissante. « Ne vous inquiétez pas, j'ai moi aussi connu la mise au placard. Si vous voulez revenir travailler à l'hôpital, je vous propose un poste au Cantou. » Le Cantou est une unité fermée pour les personnes souffrant d'Alzheimer. Je connais cette unité, elle est à dimension humaine, je sais qu'on peut y travailler dignement, prendre du temps avec les résidents. J'accepte donc. Le premier jour, j'y vais en pleurant. J'ai beau essayer de faire bonne figure, cette histoire m'a vraiment atteinte. Les collègues de mon ancien service viennent me voir, nous tombons dans les bras les unes des autres. Je dois aller au bout de mon contrat. Six mois encore. Je reprends pied. J'accomplis mon travail avec dévotion, je m'occupe de ces vieilles personnes qui n'ont plus leur tête mais que j'adore, elles sont si attachantes. La fin du contrat arrive. Je revois la cadre. « Je n'ai aucun problème avec vous, votre travail est impeccable, mais j'ai reçu l'ordre de ne pas vous prolonger. » Je ne suis même pas déçue. Juste écœurée. Une semaine après, je suis reconvoquée par la même cadre. La directrice des ressources humaines s'étant fait virer, on me propose maintenant un contrat ! Je refuse. Je ne suis pas un pion.

Je passe les vacances d'été avec mes enfants. Je ne veux plus travailler dans le secteur de la santé. J'ai la sensation d'avoir tout donné aux autres et d'avoir été jetée comme une malpropre. Je reste deux mois au chômage. La boîte d'intérim où bosse une amie me propose un job chez Schneider Electric. Je connais, j'y suis déjà passé, et ça me convient très bien : c'est tout sauf de l'humain. Que des numéros de pièces et des types de caisses à vérifier. Un travail routinier, sans émotions, à horaires fixes et qui me laisse l'esprit parfaitement libre le soir quand je rentre chez moi. Pour 1 700 à 1 800 euros par mois. Je me retrouve à l'usine, dans un atelier très bruyant, avec des boules Quiès, des chaussures de sécurité, des gants. Ici, même le sens de circulation doit être respecté. Je vois toutes ces petites mains, ces fourmis, qui font marcher la machine. Elles sont susceptibles, les fourmis. Elles recherchent une reconnaissance qu'elles n'obtiennent pas. Leur travail est dévalorisé. Si le PDG vient dire bonjour à l'une, il doit dire bonjour à l'autre, sinon cette dernière se vexe et on entend : « Et moi, je pue de la gueule ? J'ai les mains sales ? » Je croise pas mal de femmes qui vivent des situations intenables, mais restent avec leur mari parce qu'elles ne s'en sortent pas financièrement. Nous n'avons pas vraiment le temps de papoter ; ici, il faut garder la cadence.

Schneider embauche. Une cheffe qui m'aime bien vient me prévenir que j'ai ma chance et me suggère d'écrire une lettre de motivation. Et là j'ouvre grand les yeux. Ils croient vraiment que je veux rester ? Non, je refuse de faire ça toute mon existence ! Cette proposition est un électrochoc. Il est temps de repartir vers ma vraie vie. Ma grosse déprime est terminée.

Je reprends le chemin des soins. J'ai toujours comme objectif de devenir infirmière. Je postule comme aide-soignante dans une clinique privée, en chirurgie. Je suis prise tout de suite. Encore une expérience que j'adore. Encore des gens formidables. Comme toujours, j'apprends professionnellement et je m'enrichis humainement. Mais pas financièrement. Je perds 400 euros de salaire mensuel par rapport à l'hôpital, je gagne 1 250 euros nets par mois, et les conditions de travail sont désastreuses. Le matin, il manque des aides-soignantes, nous sommes souvent deux au lieu de quatre. Nous enchaînons les entrées et les sorties, sans jamais un moment de détente. Tous les jours, des filles craquent et pleurent d'épuisement. Les infirmières gagnent à la clinique la même chose que ce que je gagnais à l'hôpital en tant qu'aide-soignante ! Après trois ans d'études et avec des responsabilités énormes !

Je trouve une annonce pour travailler en soins à domicile au SSIAD (Service de soins infirmiers à domicile), je postule. La cadre qui me reçoit m'annonce que je vais gagner environ 1 350 euros. Mais dès le premier jour, les filles me préviennent : « On travaille six jours sur sept, pour 1 150 euros. » Je ne comprends pas, je regarde le planning. La cadre m'avait vendu les dimanches comme des primes nettes, ce sont des primes brutes. Du coup, je touche 50 euros brut par dimanche travaillé ! Je gagne encore moins qu'à la clinique, où je gagnais déjà beaucoup moins que chez Schneider ! Après ma journée, je rentre chez moi, je calcule qu'au chômage, je toucherais 1 189 euros, sans frais d'essence, de cantine ni de garderie. Et je me dis : « Pourquoi je continue à vouloir bosser ? » Pourquoi je continue à vouloir exercer un métier altruiste, humain et avec du sens puisque la société ne le reconnaît pas ? Ce monde est absurde. Nous sommes le quinze du mois. Je suis dynamique, passionnée, bosseuse, et mon frigo est vide. Je décide d'écrire ma colère au président de la République. Je ne sais pas trop comment la lui transmettre. Je trouve son compte Instagram. Pourquoi Instagram ? Je pense que c'est rapide. Je poste donc un message le 15 octobre, à 14 heures 42.

Comme je l'ai déjà évoqué au début de ce livre, je n'ai jamais reçu de réponse. Je crois qu'il n'a jamais été lu. Dans ce mot, je détaillais les chiffres de mon désespoir, mon salaire, mes charges, l'impasse financière. Mais je ne racontais pas les conséquences concrètes de ces chiffres. La vie quotidienne d'une femme que son salaire ne nourrit pas. D'une personne qui se lève, vit et s'endort en pensant aux économies qu'elle doit faire. Dans ce mot, j'aurais pu aussi écrire :

> Monsieur le président, je ne fume pas, je ne bois pas. J'achète mes vêtements chez Promod en soldes. Je mets rarement du vernis à ongles, j'ai trois paires de chaussures, dont une paire de baskets pour courir. Elles durent au minimum trois ans, je n'en achète que quand elles sont mortes. Le coiffeur, je n'y vais jamais. Je me coupe moi-même ma frange. Évidemment, je ne vais pas non plus chez l'esthéticienne.
>
> Les meubles chez moi, ce n'est quasiment que de la récup, des trucs chinés dans les vide-greniers de la région. Comme les livres de mes enfants. Je ne leur offre jamais les livres neufs proposés par l'école à 18 euros les trente pages. Et ils sont bien sûr inscrits à la médiathèque de la ville où nous habitons.
>
> Question alimentation, je mange beaucoup de pâtes. Et même les amandes, que j'adore, sont devenues trop chères. Je ne prends quasiment jamais de viande, rarement des biscuits. Les œufs, les légumes, je me les procure

directement chez le producteur à côté de chez moi. Je n'achète jamais de desserts ni de sodas. Je vais dans les supermarchés, pas dans les discounts, parce que si l'on ne trouve pas son produit dans les marques *low cost*, on ne peut acheter que des marques chères. J'ai calculé – parce que je calcule tout, monsieur le président – qu'il est plus économique d'aller dans les supermarchés. Quand les enfants ne sont pas là, j'essaie de limiter les repas. Je prépare un seul grand plat que je répartis sur plusieurs jours. Ou parfois, j'en saute un. Un bol de céréales, c'est hyper économique aussi et ça remplit le ventre. Je me suis toujours refusé à aller voir les Restos du cœur. J'ai vécu ça enfant, et je me souviens de l'humiliation que c'est. Et puis, il n'y a pas de raison de demander l'aumône, alors que je travaille.

Je n'ai pas de crédit, monsieur le président, aucun emprunt. J'essaie de ne rien devoir à personne, mais sans doute est-ce mon tort, parce que du coup je ne bénéficie d'aucune aide, en dehors de l'allocation familiale attribuée à tous à partir de deux enfants, et parfois la prime de rentrée scolaire.

Je n'ai pas d'abonnement Netflix, ni autre. Mon portable est un vieux Samsung, payé en quatre fois sur CDiscount. Mon seul « petit plaisir », c'est une assurance décès accident que j'ai prise quand je passais ma vie sur les routes à l'HAD.

Mon bonheur à moi, monsieur le président, c'est de pouvoir rendre mes enfants heureux. Mais je leur refuse à peu près tout. Pendant plus de dix ans, ma fille Emma a réclamé de faire de l'équitation. Elle a longtemps été spectatrice du bonheur de ses copines qui, elles, y allaient. Jusqu'à ce que je trouve un arrangement pour l'inscrire. Je refuse souvent aussi aux enfants la piscine municipale : 4,50 euros l'entrée, c'est cher. Ils sont compréhensifs, ils savent. Quelquefois, ils demandent : « Maman on fait un McDo », « On commande une pizza ! » Quand je réponds : « Je ne peux pas », ils n'insistent jamais.

Ma fille est gentille, quand elle va au kebab avec ses copines, elle pioche directement dans ses économies, ses étrennes de Noël ou d'anniversaire. Elle a treize ans aujourd'hui, elle devient une jeune fille et a besoin de sous-vêtements. Mais j'attends, je gagne du temps. Quelquefois, rarement, je les emmène au cinéma : à 20 euros les trois places, c'est un budget, mais ils adorent. Et un jour, je le leur ai promis, ils prendront l'avion. Je veux être celle qui le leur fera découvrir.

Moi, monsieur le président, j'ai pris l'avion pour la première fois assez récemment. Mon ex-ami m'a offert un voyage. Je ne vous détaillerai pas ma vie privée qui n'a pas beaucoup d'intérêt pour vous, mais sachez que la vie sentimentale d'une femme seule avec deux enfants, cumulant les emplois avec des horaires de travail décalés, nuits et week-ends compris, et pas d'argent, c'est un rien compliqué. Le père de mes enfants, lui, a refait sa vie. C'est sans doute plus facile quand on n'a pas d'enfants à charge, pas d'obligations quotidiennes, et du temps pour soi. Ah oui, j'ai oublié de vous dire. Il gagne selon les mois entre 2 000 et 4 000 euros et me verse une pension alimentaire de 100 euros mensuels par enfant. Il faut croire que c'est juste, puisque la juge en a décidé ainsi.

Les hommes qui ont compté dans ma vie, depuis ma séparation, n'ont jamais su mes difficultés financières. Ni mes amis. La plupart vivent en couple, ont un train de vie aisé. Quand on me propose des sorties, je prétexte simplement que « je préfère rester à la maison ». Je ne leur parle pas de la réalité de ma situation, monsieur le président, parce que j'ai honte.

En vérité, et ça je ne l'aurais pas précisé au président, plusieurs hommes m'ont proposé d'habiter avec eux depuis que je me suis séparée de Christophe. Cela aurait pu être une solution de facilité. Mais je refuse les compromis par facilité. Je n'ai accepté qu'une fois de prendre ce risque, parce que j'y ai cru. En 2017, après trois ans de relation avec un homme, j'ai quitté mon appartement pour emménager dans sa maison. Il était commercial, fils unique de commerçants.

Il était d'un niveau social plus aisé, il m'a fait découvrir les bons restos, les bijoux, les sous-vêtements. J'ai passé des mois à faire des travaux, pour fignoler notre nid. La vie en commun s'est avérée compliquée, comme souvent dans les familles recomposées. Il avait du mal à tolérer mes enfants, qu'il trouvait trop bruyants. Moi, je supportais difficilement que son fils unique ait tous les droits. Chez moi, les enfants participent aux tâches, ne laissent pas leurs vêtements par terre en attendant qu'on vienne les ramasser… et accessoirement, chez moi, un homme ne trompe pas sa compagne. Après un an sous le même toit, j'ai découvert son infidélité. Je lui ai dit que je partirais à la fin du mois, il ne m'en a pas laissé le temps. J'ai eu une soirée pour préparer tous les cartons, sous la surveillance de ses parents, et trois heures pour déménager.

C'était le 28 mars 2018. Ma mère nous a récupérés, les enfants et moi. Nous avons squatté son salon, dormi sur son canapé-lit et un matelas pneumatique. J'ai cherché un logement d'urgence, arpenté les agences immobilières et les bailleurs sociaux. À Pont-de-l'Arche, j'ai trouvé un pavillon HLM à 690 euros par mois. C'était dans un état pitoyable, tout était moisi. Mes amis et ma famille se sont mobilisés pour m'aider à décoller, reboucher, enduire et repeindre. Je n'avais plus de meubles, on m'a prêté un frigo et une plaque électrique, j'ai acheté la machine à laver chez Emmaüs, le meuble du salon à la Recyclerie, le plan de travail de la cuisine au rayon « bonnes affaires » d'Ikea... et je me suis reconstruit un petit cocon. J'y habite encore, un an après. Les enfants n'aiment pas trop leur nouvelle école, nous n'avons pas vraiment d'amis dans cette petite ville que nous ne connaissons pas et qui ne nous connaît pas, mais au moins, nous y sommes chez nous. J'ai compris la leçon. Ne pas dépendre de qui que ce soit, ne plus nous mettre en danger, les enfants et moi.

Avec ce nouveau loyer et mon salaire d'aide-soignante, il ne m'était pas possible de nous faire vivre tous les trois. J'ai essayé de cumuler les jobs. Les jours où je ne travaillais pas, j'allais garder une grand-mère atteinte d'Alzheimer, à tour de rôle avec une copine infirmière. Pendant quelques mois, je suis aussi allée dormir chez une vieille dame, une ancienne vétérinaire qui habitait dans une demeure magnifique. J'arrivais à 21 h 30 après avoir couché les enfants, que ma mère gardait chez moi. Je repartais le matin à 7 heures pour travailler. Elle me réveillait jusqu'à cinq ou six fois par nuit, parfois simplement parce qu'elle avait soif, qu'elle avait fait tomber son journal, ou son oreiller. À 50 euros la nuit, cela arrondissait considérablement mes fins de mois. Mais le rythme était épuisant, je n'avais plus de vie privée, je n'étais plus là pour mes enfants, ce n'était pas tenable.

J'ai décidé de changer d'orientation professionnelle. J'ai cherché des pistes, épluché les annonces. Un jour, alors que j'étais en voiture avec un stagiaire élève infirmier du SSIAD, j'ai vu cette affiche sur une ambulance : « Recherche ambulancier. » Un signe. Je les ai rencontrés. J'ai appris que le taux horaire était de « 10 euros de l'heure pour un auxiliaire ». Je n'en revenais pas. C'était mieux payé qu'une aide-soignante et en plus, on ne travaillait pas les week-ends ! Et je pouvais faire des heures supplémentaires rémunérés ! Ils m'ont proposé de commencer un stage de formation, financé par eux, dès la fin de mon contrat au SSIAD.

Novembre 2018. Entre mes deux périodes de stage de formation auxiliaire ambulancier, j'ai une semaine de vacances. Enfin, ce que je pense être des vacances. Depuis quelques jours, je vois monter sur les réseaux sociaux la protestation contre la hausse des taxes sur le carburant. Une pétition a rassemblé presque un million de signataires. Un routier, Éric Drouet, appelle à bloquer les ronds-points et les péages dans toute la France, le 17 novembre. Sur Facebook, autour de moi, tout le monde en parle, je sens un élan de dingue. La carte des rassemblements dans le pays est pleine de points jaunes. J'ai vu qu'il y en a un au péage d'Heudebouville, pas loin de chez moi. Le lieu de rendez-vous indiqué est la zone Ecoparc, à l'entrée de la bretelle autoroute. Je suis déterminée à y aller. J'en parle à mon copain. Nous nous sommes rencontrés quelques mois plus tôt, chez Schneider Electric, où il travaillait et où il était aussi « coach sportif » et entraînait une équipe pour le marathon de Paris. C'est un triathlète, de vingt-sept ans de plus que moi. Nous avons beaucoup de points communs. Il est serein et bienveillant, rigoureux, attentionné. Je pense être amoureuse. Les gilets jaunes et leur colère contre la hausse du carburant, il ne comprend pas. Et pour cause, il gagne confortablement sa vie, il habite une belle maison avec piscine sur les bords de Seine, et son vélo coûte le prix de ma voiture. Il n'a aucune envie de m'accompagner au péage. Je peux le comprendre, mais sa réticence ne m'empêche pas d'y aller. Il est fini, le temps où, par amour ou par soumission, je taisais mes convictions. La veille, j'ai donc customisé mon gilet jaune et écrit dessus : « Ras-le-bol, Aide-soignante payée 1 250 euros nets par mois pendant que les actionnaires s'en foutent plein les poches !!! Macron le roi est avec les nobles pendant que le peuple crève la gueule ouverte !!!

Gauloise réfractaire et fière !!! » J'ai donné rendez-vous sur place à ma mère, qui connaît elle aussi les fins de mois difficiles. Je suis fin prête, et je crois alors que je vais y passer une simple journée.

4

JE PENSAIS VENIR POUR UNE JOURNÉE

17 novembre 2018, 8 heures. J'ai pris mon gilet jaune, un bonnet noir, une doudoune, une grosse écharpe, des gants et des lunettes de soleil. Car il fait très froid, et très beau. Dans la voiture, en route pour le rassemblement, j'ai un doute : « Et si je m'y retrouvais toute seule ? Que vais-je y faire ? Qui vais-je voir ? » J'arrive sur la zone artisanale Ecoparc. Ils sont une centaine sur place, tous avec des gilets jaunes ! Je m'approche, je repère ma sœur (qui est coiffeuse à domicile), mon beau-frère, mon beau-père, mon frère (tous les trois artisans), des voisins, plein de gens que je connais. Le temps de dire bonjour et nous sommes deux fois plus nombreux. Les gens arrivent en flux continu. Certains sont équipés de Thermos de café, d'autres de mégaphones. Des petits groupes de personnes se sont formés et discutent.

C'est l'heure d'aller au péage. Nous sentons que ce n'est pas organisé, nous ne savons pas trop par où passer, nous hésitons, bravons l'interdit et empruntons à pied la bretelle d'autoroute. Je me retourne, je vois cette marée jaune derrière moi, c'est magnifique. Les gens rient et échangent, ils sont beaux dans leur fraternité. L'excitation est palpable. Ils sont venus sans s'être concertés, mus par le besoin de dire « stop ». Stop à la vie trop chère, au travail qui ne rémunère pas assez. Des émissaires vont voir le personnel de la SAPN pour négocier l'ouverture des barrières. Tout se passe bien. C'est surprenant. Nous occupons quatre voies, trois pour le barrage filtrant, une pour les urgences. L'opération se déroule facilement, naturellement ; je n'en reviens pas. Et le monde continue d'affluer. D'anciens collègues pompiers arrivent, des conseillers municipaux, des sportifs avec qui je cours le week-end, des vieux, des femmes, des enfants… ; ma copine, Jennifer, qui élève seule son fils et travaille la nuit dans une usine pharmaceutique ; Alexis, un jeune au chômage ; Johan, un gars avec qui j'étais en classe au collège et sa femme ; Maguy, qui travaille à l'Aide sociale à l'enfance… Je comprends que ce que nous sommes en train de vivre est important. Ces personnes que je connais, de profils très différents, ont les mêmes problèmes de fin de mois que moi et ressentent le même ras-le-bol. D'autres s'en sortent mieux, mais sont venus par solidarité, parce qu'ils voient qu'autour d'eux, quelque chose ne tourne pas rond. Nous ne nous étions jamais dit nos difficultés, nos frigos vides, nos angoisses pour le quotidien, pour nos vieux jours et pour l'avenir de nos enfants. Ces choses-là ne se racontent pas facilement. C'est humiliant. Mais aujourd'hui, c'est comme si on avait enlevé nos masques. Le mot d'ordre était de venir sans signe politique distinctif et les gens ont joué le jeu. Je ne vois pas de sigles, pas de prospectus syndicaux. Ce qui nous réunit, et les mois qui suivront le confirmeront, transcende les partis et les votes. C'est beaucoup plus fort, et plus profond. Nous ne nous le formulons pas, mais nous le sentons. Nous nous sourions. Nous nous regardons, nous sommes émus. Nous ne savons pas vraiment ce que nous allons faire, mais nous voulons faire quelque chose. Nous nous reconnaissons, le petit peuple des travailleurs pauvres. Et nous sommes heureux d'être là, ensemble.

Nous nous organisons. Certains se glissent entre les voitures, pour parler avec les gens. Une discussion commence. Certains voudraient bloquer totalement, d'autres filtrer, laisser passer les voitures toutes les trois minutes. Les automobilistes klaxonnent. Ils sont au courant, la plupart ne s'énervent pas et ont l'air de comprendre. L'ambiance est bon enfant. On rit, on danse. Nous discutons du prix du carburant qui a augmenté, de la taxe carbone, de l'impôt sur la fortune supprimé, de la limitation de la vitesse à 80 kilomètres à l'heure qui a déclenché les premières colères citoyennes l'été précédent. Nous n'évoquons pas trop nos vies respectives, chacun reste pudique. Les gendarmes sont détendus, nous échangeons avec eux. Quelques automobilistes réagissent mal. Un livreur sort sa bombe lacrymo pour nous gazer, le ton monte, son collègue est fou de rage, il hurle sur les camarades en gilet jaune, il veut passer. Les gendarmes interviennent, la camionnette avance, et de sa fenêtre ouverte, le passager gaze les manifestants, avant de prendre la fuite. Une grosse Audi noire essaie elle aussi de forcer le barrage. La conductrice est hystérique parce que son chien est épileptique, qu'il ne faut pas le stresser. Elle démarre en trombe. Je me retrouve sur son capot, je ne comprends pas ce qui m'arrive, j'ai juste le temps de m'écarter pour la laisser foncer. Elle se fera arrêter par les gendarmes après avoir franchi la barrière de péage.

Ma mère a apporté des sandwichs, d'autres des boissons, des boîtes de gâteaux, des grillés aux pommes, des croissants, des pains au chocolat. Le capot de la glacière sert de plateau pour le café servi dans des gobelets en plastique. C'est généreux et chaleureux. Depuis quand n'a-t-on pas vécu un tel partage, une telle solidarité ? J'ai chaud au cœur. Dans l'après-midi, des gens annoncent : « Demain on revient ! » Je pense. « Pourquoi pas ? », mais je n'y crois pas trop. Le week-end va se terminer, chacun va reprendre sa vie, et tout va s'arrêter. Le soir, je rentre chez moi, et je retrouve mon copain. Je lui raconte la journée. Je suis frigorifiée, fatiguée, mes oreilles bourdonnent comme si j'avais passé la journée devant une enceinte de sono. Je ne comprends pas encore que ce que je viens de vivre, des centaines de milliers d'autres l'ont vécu, dans toute la France. Je ne regarde même pas les infos. J'explique à mon ami que « c'était dingue », qu'il y avait plein de monde, que quelque chose se passe. Il m'écoute, mais m'entend-il réellement ? Je lui annonce que je ne serai pas avec lui demain non plus. On devait aller courir ensemble, comme presque tous les week-ends. Il est déçu. C'est le premier d'une longue série de différends causés par les gilets jaunes.

Le lendemain, j'y retourne. Je m'équipe plus chaudement. Je suis excitée, et un peu inquiète : « Y aura-t-il autant de personnes ? » J'ai trouvé un accès pour me garer plus près du péage. Ma mère est là, et il y a beaucoup de monde ! Chacun est arrivé avec des croissants et des pains au chocolat, du coup il y en a beaucoup trop. C'est jovial, sympa. Cette fois, j'ai prévu des sandwichs, une Thermos. Les gendarmes rigolent avec nous, mais refusent notre café parce qu'ils n'ont pas le droit d'accepter. Certains ont apporté leurs jeux de société, et jouent par terre devant les voitures, à Jungle Speed ou au Puissance 4. Les heures s'écoulent. Les voitures passent au compte-gouttes. Nous nous organisons mieux que la veille. En amont, les gilets jaunes filtrent, laissent passer les voitures avec femmes et enfants ou le corps médical directement sur la voie d'urgence. Les tensions sont vite canalisées. Quand ça bouchonne trop ou pas assez, quand des automobilistes s'énervent, un monsieur d'une cinquantaine d'années prend les choses en main, intervient, recadre. Nous ne sommes pas tous d'accord sur le *modus operandi*. Certains voudraient laisser circuler tout le monde et faire coucou. Moi, je ne suis pas là pour faire coucou au bord de la route. Les cars sont souvent très sympas, beaucoup nous proposent leurs toilettes pour que les femmes puissent faire pipi. Les chauffeurs de poids lourds sont relax et klaxonnent leur soutien. Nous publions nos photos sur les réseaux sociaux. J'y passe toute la journée jusqu'à la tombée du jour, vers 17 heures. Quand je repars de la zone, des manifestants, dont des pompiers que je connais, sont en train de brûler des palettes au niveau du rond-point. Je suis contente de voir que l'occupation du terrain ne s'est pas limitée au seul péage.

J'arrive chez moi transie de froid et de fatigue d'être restée debout toute la journée, mais heureuse. Mes enfants reviennent de chez leur père. Je leur raconte mon week-end, sans donner trop de détails. « Maman a passé le week-end dans le froid à un péage. » Je sais que j'y retournerai demain, une fois que je les aurai déposés à l'école. C'est une évidence. Je ne me vois pas ne pas y être. C'est la seule semaine où je pourrais me reposer, entre les CDD à la clinique, les soins à domicile et mon futur boulot d'auxiliaire ambulancier, mais j'y vais. Il se passe quelque chose, je ne peux pas lâcher. J'ai regardé la télé, les réseaux sociaux, j'ai vu que nous étions nombreux. Le gouvernement indique que près de trois cent mille gilets jaunes ont manifesté dans toute la France, mais beaucoup disent que ces chiffres sont sous-évalués. J'ai la certitude que c'est maintenant ou jamais que nous pouvons changer nos vies. Nous sentons que quelque chose se tisse. J'apprends qu'il y a déjà eu des heurts entre les manifestants et les forces de l'ordre. Le combat est engagé contre l'État. Pot de fer contre pot de terre.

J'y retourne donc le lundi, et encore le mardi. Malgré le froid, les pluies verglaçantes, la neige. Nous frissonnons, nos couvertures de pique-nique sur le dos, nous nous réchauffons un peu à tour de rôle dans les voitures. Nous nous réconfortons à l'idée que, partout en France, d'autres tiennent comme nous, sur les ronds-points, aux péages. À la radio, à la télé, le mouvement intéresse. Ils ne comprennent pas bien qui nous sommes, ils se demandent si nous ne sommes pas manipulés en sous-main par l'extrême droite ou les syndicats. Mais je vois bien, moi, au péage, que je suis surtout entourée de personnes qui me ressemblent, des citoyens lambda, qui simplement n'en peuvent plus. La grande majorité n'a pas de passé militant. Certains votent à droite, d'autres à gauche, d'autres ne votent sans doute pas. Moi, j'ai voté Emmanuel Macron à la dernière élection présidentielle, et je vote plutôt écolo en général. Mais je n'en parle pas. Personne n'évoque sa couleur politique sur ce péage. Ce n'est pas le sujet et ce ne le sera jamais pendant toutes ces semaines. Les médias interviewent beaucoup de gilets jaunes. C'est bien, ils font connaître aux Français nos difficultés quotidiennes. Peut-être les gens vont-ils comprendre notre malaise ? Nous sommes pleins d'espoir, même si nous voyons bien que certains ne comprennent pas. Je me souviens d'un car de retraités. Une vieille dame permanentée avait écrit sur une feuille collée à la fenêtre : « Si t'es pas content d'être en France, rends ta carte vitale et casse-toi ! » Je l'ai félicitée ironiquement avec le pouce levé. Derrière la vitre, elle a répliqué avec un doigt d'honneur, bagues et vernis compris.

Le mercredi, j'ai les enfants. Je dépose Emma, ma fille, au sport, et je propose à Maël, mon fils de huit ans, de lui montrer ce qu'est un blocage de péage. Nous nous garons sur le parking à côté du portillon, il enfile un gilet jaune taille enfant, nous nous installons sur le bord du péage au niveau des barrières de sécurité, et je lui explique pourquoi nous bloquons. « On n'est pas contents des réformes du président de la République. » Je raconte ce qu'est un président, ce qu'est une loi, le fait que mon travail ne nous permet pas de vivre correctement tous les trois. Il m'écoute. Je lui dis : « Tu ne verras ça qu'une fois dans ta vie. » Nous restons une heure. Il voit l'ambiance, il apprécie les klaxons de routiers et leurs appels de phare. Nous rentrons à la maison. Il semble content, je l'entends qui raconte tout à sa sœur.

Le jeudi, il y a moins de monde. Pour la première fois, j'aperçois une caméra. Un journaliste interroge un gars. J'entends celui-ci dire : « Brigitte, c'est une vieille chaudière, Macron n'a qu'à la vendre, ça nous fera du fric. » Je suis horrifiée : « Pourvu qu'ils ne passent pas ces propos à la télévision ! Quelle image il va donner de nous, on va passer pour des abrutis ! » Le journaliste fait le tour des quelques manifestants présents, il s'approche de moi. « Je peux vous poser quelques questions ? » Il me lance : « Alors, Macron, démission ? » Cette phrase est le leitmotiv d'un tas de gilets jaunes. Pas le mien. Je réplique : « Ça ne va pas servir à grand-chose, s'il part, qui va-t-on mettre à la place ? » Et j'enchaîne sur ma situation. Il me filme, part, revient, me demande si je vais manifester à Paris pour l'acte II, samedi 24 novembre. Il y a un appel à venir en masse dans la capitale. Je suis surprise de sa question, je ne sais pas encore. Peut-être. Il me propose de prendre mon numéro et qu'on se retrouve sur place. Il part et je n'y pense plus. Je n'imagine pas une seconde que cette rencontre va faire basculer mon rôle dans le mouvement des gilets jaunes. Et ma vie.

Le journaliste me rappelle le lendemain. « Bonjour, Ingrid, on fait le montage de la séquence vidéo et mon producteur me demande si vous seriez intéressée pour venir sur le plateau dimanche soir ? » Sur le plateau ? Je ne sais pas quoi répondre, je ne suis évidemment jamais allée sur un plateau télé. J'ignore même pour qui il travaille. « *C politique*, une émission sur France 5. » Je crois que je la connais, je la regarde quelquefois. J'aime bien aussi *C dans l'air*. Mais vais-je savoir que dire ? Je ne peux parler que de moi-même ! Il insiste et me convainc de nous retrouver le lendemain pour aller en manifestation ensemble.

Samedi. Je prends le train seule, personne dans le groupe du péage n'a voulu venir manifester à Paris. Trop cher. Et puis, la capitale effraie. J'y vais quand même, puisque j'ai ce rendez-vous. Je compte sur le journaliste pour me guider. Paris, je connais mal. Les arrondissements, le métro, je n'ai pas trop l'habitude. Je suis étonnée par le nombre de manifestants dans mon wagon. Tout le monde se parle, l'ambiance est incroyable. Le couple derrière mon siège gagne une misère, n'a pas de mutuelle, je sens une profonde souffrance. La dame, qui n'a plus beaucoup de dents, est femme de ménage. Lui, perfecto noir, bosse à l'usine. Ils sont gentils. À côté de moi, Manu, la petite quarantaine, ex-flic, ex-aide-soignant, grande gueule au grand cœur. Un autre devant, rachitique, chômeur. « Vous avez payé vos billets, vous ? », demande-t-il. Oui, on a tous payé notre billet – 20 euros. Pas lui : « Je n'ai pas les moyens. C'était frauder, ou ne pas venir. » Justement, la contrôleuse passe. Le type va se prendre une prune. Nous essayons de l'aider. « S'il vous plaît, madame, c'est un jour spécial ! La journée des gilets jaunes. Vous pouvez fermer les yeux ? » Elle a l'air embarrassé. « Non, je ne peux pas, mais je vais vous faire payer un billet taux plein normal, comme si vous étiez venu me voir. » Nous savons qu'il ne peut pas régler. Tout le monde sort son portefeuille et donne quelque chose, même le couple très démuni. C'est un moment fort. Émouvant. « Jamais je n'oublierai ! » Il a les larmes aux yeux. « Je garderai toujours ce ticket. » Il le range précieusement dans sa poche.

Maxime, le journaliste de *C politique*, m'attend sur le quai de la gare. On se dirige vers les Champs-Élysées à pied. Nous ne savons pas trop où nous devons aller exactement. Nous arrivons du côté de la place de l'Étoile et nous empruntons une rue adjacente aux Champs-Élysées pour rejoindre les manifestants. Et là, nous sommes stupéfaits par le nombre de CRS, de cars, avec leurs boucliers. Ils ferment la route derrière nous, nous ne pouvons pas faire demi-tour, c'est un sas à sens unique. J'entends des cris, je vois des mouvements de foule. Des gilets jaunes foncent sur les CRS, qui les chargent. Ils sont fous. Dans quelle merde je me suis fichue ? C'est ça, une manifestation ? Mais pourquoi cette violence ? Je ne comprends rien à ce qui se passe. Comme beaucoup de personnes de ce mouvement, je n'ai jamais manifesté avant. Je n'ai aucune expérience. Je ne sais même pas qu'une manifestation se déclare auprès de la préfecture. Je n'ai pas conscience que celle-ci ne l'a pas été, que cette occupation des Champs-Élysées est donc illégale. Les gilets jaunes n'ont pas les codes, ils n'adoptent pas ceux des syndicalistes avec leurs petites promenades sans surprise, un petit tour, trois merguez et puis s'en vont. Ils rejettent les règles de ce qu'ils considèrent être celles du système, du vieux monde institutionnel. Ils veulent marcher et protester là où ils en ont envie, et qu'importe s'ils dérangent le pouvoir et bousculent les bourgeois. Ils ne comprennent pas – et moi non plus – que cette quête de liberté va nous coûter cher pendant les mois à venir.

Maxime m'a équipée d'une oreillette. Il filme avec son smartphone. J'entends d'énormes détonations. Je ne sais pas ce que c'est. Je flippe. Et soudain de la fumée blanche, une odeur âcre qui me prend à la gorge, m'empêche de respirer, brûle les yeux et le nez. Les gaz lacrymogènes ! On m'en avait parlé, on m'avait dit : « Prends du sérum physiologique. » Mais le conseil est dérisoire face aux effets de ce produit ! J'ai l'impression que chaque respiration m'empoisonne. J'étouffe. Des gens reviennent du « front » pliés en deux, en pleurant, hoquetant. Dans un sale état. Je leur mets du sérum dans les yeux. C'est tout ce que j'ai. Maxime est à côté de moi, j'ai l'impression qu'il me protège. Ce n'est qu'une impression. Les CRS arrivent sur nous. Ils chargent. Les détonations reprennent. Des palets tombent du ciel, partout autour de nous, dégageant une épaisse fumée blanche suffocante. C'est la panique ! Tout le monde court. Moi aussi, sans savoir où je vais. Je veux juste fuir. Je remonte les Champs vers l'Arc de triomphe, je m'arrête, reprends mon souffle. Je me rends compte que mon sac est ouvert, j'ai perdu ma carte bancaire. Je me demande vraiment ce que je fous là. Quelle galère ! J'appelle ma banque pour faire opposition alors qu'autour de moi, c'est la guerre. J'ai l'impression d'être dans un film, c'est surréaliste. Les gens continuent de pleurer et tousser. Avec Maxime, nous décidons de remonter l'avenue petit à petit, mais, de nouveau, des détonations, des palets, et cette fumée horrible. Femmes, hommes, jeunes et vieux, tout le monde s'en prend plein la tête. Nous faisons demi-tour, nous courons. Je tourne la tête vers la gauche et j'aperçois soudain des gens en train de manger derrière une vitrine. Ils déjeunent tranquillement au restaurant, en nous regardant courir sous les gaz lacrymogènes ! Quelle caricature ! Comment deux populations peuvent-elles vivre simultanément dans un même espace deux situations aussi opposées ? Quelque chose cloche en France. Au milieu de l'avenue, des hommes démontent des barrières de chantier, dressent des barricades, démarrent des feux. D'autres arrachent des feux de circulation et les couchent sur le bitume ! Je n'arrive pas à croire à ce que je vois. C'est hallucinant. Jusqu'où vont-ils aller ? Gilets jaunes, pas gilets jaunes ? J'ai l'impression qu'il y a de tout. Je veux sortir de cet endroit, quitter cet enfer. Nous suivons les gens qui s'enfuient dans une petite rue. Nous avons de la chance, nous pouvons encore passer. Je l'ignore encore, mais beaucoup de gilets jaunes resteront pris au piège. Enfermés, nassés par les forces de l'ordre, qui veulent empêcher qu'ils s'éparpillent dans Paris. Obligés de subir les gaz et les tirs, selon un scénario qui va se répéter, de samedi en samedi.

C'est le milieu de l'après-midi, nous marchons vers la gare Saint-Lazare. Je n'ai pas de carte, donc pas d'argent pour prendre mon billet, Maxime m'avance la somme. Je suis complètement sonnée par ce que je viens de vivre. Je n'y étais pas du tout préparée, comme la plupart des gens venus manifester. Je suis bien loin de me douter qu'il ne s'agit là que du début d'un long feuilleton de samedis plus violents les uns que les autres, qui va durer près de six mois. Je ne sais pas que les manifestants vont risquer le pire, que certains seront blessés, mutilés. Je m'écroule dans le train, je regarde ces passagers tranquilles, qui ont vécu une journée normale, eux. Sans guerre. Et je repense à ceux qui nous contemplaient derrière la vitre du restaurant. Comme s'ils étaient au spectacle. Deux mondes. Je retrouve mes enfants chez ma mère. Ce que je viens de vivre est tellement surréaliste que je ne le leur raconte même pas. Je ne pourrais pas leur expliquer ! Je n'arrive pas à leur accorder de l'attention. Ma tête est ailleurs. Je refais le film, j'essaie de comprendre, en vain.

5

Attendez-vous à recevoir beaucoup d'appels

C politique, dimanche 25 novembre, à 20 heures, je vais faire mon premier plateau télé. Mon copain garde gentiment mes enfants, qui ont école demain. J'en ai pour une heure dix de train. J'ai le trac. Je relis fébrilement les fiches que j'ai préparées : pouvoir d'achat, augmentation des taxes, gaz essence fioul, disparition des services publics. La chaîne m'a avertie qu'un taxi m'attendrait à la gare Saint-Lazare pour m'emmener sur le lieu de tournage. Un taxi ! Je n'ai jamais pris de taxi de ma vie ! J'ai son numéro d'immatriculation, il m'attend rue de Rome, je repère la voiture, je monte. Le chauffeur me dit que nous allons à Saint-Denis, à la maison du cinéma créée par Luc Besson. « Vous verrez, c'est énorme. Il y a même dans le hall la voiture du film *Taxi*, qui est en vente. » Nous arrivons dans des entrepôts géants. Une jeune fille m'accompagne jusque dans « la loge », comme elle dit. Je n'en reviens pas : canapé confortable, boisson, nourriture, télé, atmosphère tamisée. « Vous pouvez poser vos affaires, vous allez passer au maquillage. » Elle m'emmène dans une pièce très éclairée, une femme me maquille comme une princesse, en piochant sur une table couverte de produits. Un homme propose de me coiffer. Je suis très étonnée par tout ce manège, un peu tétanisée. Je découvre les rites de la télé. Le producteur vient m'expliquer ce qui va se passer. « Vous serez avec Priscillia. » Je ne sais pas qui est cette Priscillia. Je me sers un Perrier dans la loge. Mais j'ai du mal à boire. Ma gorge est nouée. J'ai très mal au ventre, je suis super stressée. Qu'est-ce que je fiche là ? Maxime passe une tête : « Ingrid, je te fais commander une moto-taxi pour le retour sinon tu vas rater ton train. Tu n'as pas peur de la moto ? » Non, j'adore la moto. En revanche, j'ai vraiment peur de la télé. On me fait descendre. Je découvre un très grand plateau, des gens attendent sous une tente. Une femme noire me tend la main. Je me présente, elle aussi : « Bonjour, je suis Priscillia Ludosky. » Je lui demande : « Vous faites quoi ? — C'est moi qui ai lancé la pétition contre la hausse du carburant. » Ah oui, la fameuse pétition qui a fait plus d'un million de signataires ! Grâce à elle, Priscillia, qui dans la vie gère une petite société de vente de produits

bio sur le net, est en train de devenir une des figures du mouvement des gilets jaunes. Nous arrivons sur le plateau. Il y a des croix blanches par terre, il faut que nous partions de là et que nous marchions ensuite vers le plateau. Les caméras nous suivront. J'ai envie de vomir. J'ai peur qu'aucun son ne sorte de ma bouche. Nous nous asseyons autour de la table. Nous sommes en direct. Le journaliste m'interroge sur mon vote à la dernière élection présidentielle. « J'ai voté Emmanuel Macron, je regrette. » J'entends ma voix. Ouf ! Le stress s'évapore, je suis concentrée sur ce que je veux dire. Nous évoquons les violences à la manifestation. Je raconte le choc d'avoir été accueillie par les gaz lacrymogènes. « Ça vous décourage ? demande le journaliste.
— Absolument pas ! On ne va rien lâcher. Ils ont fait déborder le vase. On en a plus que ras-le-bol, on touche sans cesse à nos revenus, on vient voler dans nos poches l'argent qui nous reste pour nous nourrir. Je demande à quiconque de vivre avec 1 250 euros avec deux enfants, en travaillant douze heures par jour [...] Ce mouvement est responsable et pacifiste. Je veux juste parler au nom du peuple. Macron est pour les nobles pendant que le peuple crève à petit feu. On nous tape dessus. Je ne veux pas représenter les gilets jaunes. Je veux parler au nom du personnel soignant, des retraités, des chômeurs... »

J'enchaîne, je déroule. Je ne ressens plus aucun stress. L'émission se termine. Maxime vient me voir : « Pour toi, ce n'est que le début, Ingrid. » Je ne comprends pas trop ce que cela signifie. Le producteur s'approche aussi : « Madame Levavasseur, attendez-vous à recevoir beaucoup d'appels ! Ce que vous avez fait est exceptionnel. » Je pense qu'ils me flattent. Nous échangeons nos numéros avec Priscillia. Je dois vite repartir pour ne pas rater mon train. Et je suis surtout super excitée à l'idée de la moto-taxi. Alors que nous roulons, je prends mon téléphone pour filmer ce moment unique. Je m'aperçois alors qu'il n'arrête pas de vibrer. Je regarde, j'ai reçu des centaines d'invitations sur Facebook ! Dans le train, je lis les messages de mes amis. Apparemment, j'ai fait le job. Mais moi, je suis crevée, j'arrive à la maison vers 22 heures, je retrouve mon copain. Il est content de moi, me susurre : « Tu étais top, tu vas sûrement être recontactée » et précise quand même ce que j'aurais pu dire ou ne pas dire… Je pense qu'il veut me faire plaisir. Mes enfants dorment. Et moi, je m'écroule aussitôt allongée.

Le lendemain, j'entame ma formation d'auxiliaire ambulancier à Saint-Étienne-du-Rouvray, pas loin du très fameux rond-point des Vaches, qui sera tenu par les gilets jaunes pendant plusieurs mois. Maxime m'envoie un message : « Je suis sollicité de toutes parts ! Tout le monde veut ton numéro de téléphone. » LCI m'appelle. Ils m'invitent à une grande émission spéciale gilets jaunes après-demain, animée par David Pujadas : « Ça s'appelle *La Grande Explication.* » L'émission finit vers minuit, je décline parce qu'il n'y a plus de train à cette heure-là pour Rouen. « Ce n'est pas un problème, nous vous prenons une chambre d'hôtel », réplique tranquillement mon interlocuteur. Une chambre d'hôtel ! Simplement pour que je vienne parler ? Moi, l'aide-soignante ? C'est si décalé par rapport à ma vie ! En même temps, j'ai tellement envie de faire passer mes messages. C'est le moment ou jamais. Je n'ai pas le droit de laisser filer cette occasion. Et je n'ai plus du tout la tête à écouter le formateur ambulancier.

Je m'organise. Ma mère vient garder les enfants. Je prends le train, puis le taxi, selon un rituel qui va devenir quasi quotidien pour moi ces prochaines semaines, mais ça, je l'ignore encore. Je révise mes fiches, je ne veux pas me tromper dans les chiffres, j'ai préparé le détail de mon budget familial. Face aux ministres et aux experts qui seront sur le plateau, je ne veux pas me ridiculiser, et à travers moi tous les gilets jaunes. Je dois être à la hauteur, pour tous ceux dont je vais porter la parole. Nous arrivons en bas de la tour TF1. Je ne l'avais vue que de loin. Jamais je ne me serais imaginée y entrer. Le taxi repart, je n'ai rien à régler, il est payé par la chaîne. On m'accompagne : le maquillage, la loge… je connais maintenant. Je vois un gars brun et barbu qui parle à son portable, je reconnais Éric Drouet, le routier de Melun qui a lancé l'appel. Il discute en FaceTime à voix haute avec une femme. Un jeune gars roux avec casquette débarque, je le reconnais également : il s'agit de Maxime Nicolle, une autre figure montante du mouvement. Il est en ARE (allocation retour à l'emploi), vit en Bretagne je crois de petits boulots en intérim et de petits chantiers. Tiens, il y a aussi Jacline Mouraud, la femme hypnothérapeute qui a fait une vidéo coup de gueule contre l'augmentation de la taxe sur le carburant. Une vidéo qui fera six millions de vues, et à laquelle la ministre Emmanuelle Wargon a répondu sur les réseaux sociaux. Nous nous saluons. J'ai mal au ventre. Impossible d'avaler ou de boire quoi que ce soit. Comme avant *C politique*. Je vais apprendre à vivre dorénavant avec cette boule au ventre, qui m'accompagne avant chaque passage télé. Dans la loge, je vois la députée de l'Eure, Claire O'Petit. Elle essaie de nouer le contact, je sors un pauvre truc du type : « Je suis Normande, vous aussi… » Elle me répond sèchement : « Vous bloquez le carrefour de chez moi, vous êtes des irresponsables, il y a des femmes avec enfants ! » Ça promet.

Nous montons tous dans l'ascenseur, en silence. Drôle d'ambiance. Nous arrivons au rez-de-chaussée, on nous dirige vers le plateau. Et là, le miracle opère, comme à *C politique* : le stress s'arrête d'un coup, le mal de ventre dû au trac s'évanouit. Je me sens en revanche prête à raconter mon mal de ventre de femme solo, travailleuse pauvre. Je parle avec mes tripes, avec mon cœur.

« Je veux dire que j'en ai marre. Comme aide-soignante, je me trouve en contact avec les gens malades. [...] Je vois mes collègues infirmières qui pleurent en arrivant à leur travail. On ose nous taper sur la tête alors qu'on court ! Je parle aussi au nom des retraités, des chômeurs, de ceux qui souffrent au quotidien, des auxiliaires de vie scolaire à 700 euros ! [...] Je suis une citoyenne qui vit au quotidien la souffrance, je pensais être un cas isolé et je me rends compte que non. Je parle avec mon cœur. J'ai une colère : on est en souffrance, on nous a entendus ? Non. Les gens se plaignent parce qu'on les ralentit aux ronds-points. Mais ils ne se plaignent pas quand ils sont ralentis pour aller aux sports d'hiver ! Je rêve d'être bloquée pour aller aux sports d'hiver ! » Je parle, je parle. Je coupe ceux qui me coupent. Je ne me démonte pas face aux politiques. À un moment, je sens que la ministre Emmanuelle Wargon se décompose en face de moi, je suis un peu embêtée, mais tant pis, je continue : nos messages doivent être entendus. David Pujadas continue de me donner la parole, il me semble même le voir sourire. « Je ne veux plus demander à ma mère de m'aider à nourrir mes enfants, alors qu'elle est auxiliaire de vie et gagne 1 500 euros. Je serais tellement heureuse de préparer Noël plutôt que de préparer une revendication ! » Et je conclus : « Je préférerais ne pas avoir à me mettre à nu aujourd'hui. »

Un monsieur aux cheveux blancs intervient : « Ce que vous dites est formidable, vous avez raison. » Je ne le connais pas, je saurai après qu'il s'agit du photographe Yann Arthus-Bertrand. Je l'entends dire au programmateur, quand il sort du plateau avant moi : « Je veux son numéro. » Je ne comprends pas pourquoi il a demandé mon téléphone. L'émission prend fin. Je ne me souviens de rien de ce que j'ai pu dire. Comme à chaque fois. Ce doit être l'effet de l'adrénaline. Tout retombe. David Pujadas s'approche et me félicite : « Bravo ! », il a l'air content. La députée de l'Essonne, Amélie de Montchalain, me fonce dessus à peine l'émission terminée : « Si vous saviez combien je sais que ce que vous vivez, c'est la réalité ! Ma mère est infirmière ! » Une femme derrière elle renchérit : « Tant de femmes vivent votre situation ! » Je vois bien que je les ai touchées. Le décor de l'émission est déjà en train d'être démonté par des petites mains. Je récupère mon portable et là, le choc : les messages pleuvent, je n'arrive pas à désactiver mon écran tellement il y en a. Mes proches m'écrivent, bien sûr. Ma grande sœur : « Comment tu gères, bravo pour ton audace, tu assures grave ! » Je n'ai pas reçu d'appel de ma petite sœur. Et pour cause. J'apprendrai quelques jours plus tard qu'elle ne veut plus nous parler, à ma mère et à moi. Le soir de l'émission télévisée, elle était avec son mari et son bébé chez ma mère. Celle-ci leur a demandé de parler moins fort, pour pouvoir écouter. Mon beau-frère, un homme autoritaire qui n'a jamais supporté mon féminisme et mon indépendance, s'est vexé. Il a pris femme, bébé, poussette, et il a claqué la porte. Depuis, ma sœur ne répond pas à nos messages. Elle a rejoint dans son silence mon petit frère, avec qui le contact est rompu également. Notre vie de famille est rythmée par ces ruptures, qui vont et viennent entre nous, et peuvent durer plusieurs années. Je crois que c'est le triste héritage de nos enfances cabossées.

Ce soir-là, je reçois en revanche des messages de gens que je n'avais pas vus depuis des années, comme cette amie : « Un mot : magnifique. En fait non, un deuxième : exemplaire, et puis un troisième : déterminée [...] Je t'admire et t'adore. » Un ex-amoureux : « Tu as été parfaite, claire [...] attends-toi à ce qu'on te demande d'être un porte-parole », mais je suis surtout contactée par énormément de personnes que je ne connais pas. Sur mon mur Facebook, c'est l'explosion : je passe de cent soixante amis à trois mille demandes d'amis. Je suis submergée. Tout ce monde virtuel et personne sur qui m'appuyer concrètement. J'ai le vertige.

1 heure du matin. Je me tourne et retourne dans le lit de la chambre d'hôtel. Impossible de dormir. Je dois me lever à 5 heures pour prendre le train et arriver à ma formation à 8 h 30. La chambre est belle, le lit immense. À une autre occasion, j'aurais savouré ce luxe, mais là, je suis trop bouleversée. Ce portable qui n'arrête pas de sonner m'interroge. Je sens que je suis au début de quelque chose de nouveau, que ce mouvement me happe. C'est à la fois excitant, perturbant, un peu angoissant. Je comprends que rien ne sera sans doute plus jamais comme avant.

Après une nuit flash de trois heures, je me lève, je prends ma douche, je remballe mes affaires, taxi, train, puis je repars en voiture vers Saint-Étienne-du-Rouvray. Je retourne à ma vie. Sauf que rien ne se passe comme prévu. Toute la journée, mon téléphone sonne. Des dizaines de numéros inconnus s'affichent. Je n'ai pas même le temps d'écouter tous les messages. Pendant la formation, je réponds lors les pauses, à ceux que je peux, aux médias dont je connais les noms et qui me rassurent. TF1 veut me suivre le soir quand je retrouve ma famille et qu'on discute gilets jaunes ensemble devant leur caméra. Je réponds que je suis seule avec des enfants jeunes : « En rentrant, je parle devoirs, douche et dîner, mais pas gilets jaunes, en tout cas le moins possible. Je fais en sorte de les épargner au maximum. » Je décline. *Envoyé spécial* souhaite me suivre. Pour le coup, j'accepte. J'adore cette émission. En vérité, je suis un peu perdue sur la stratégie à adopter. J'envoie un message à Priscillia : « Peux-tu m'appeler, j'ai beaucoup de demandes à la suite de l'émission, et j'ai besoin d'avoir une référence et une ligne de conduite pour répondre au mieux. Merci beaucoup. » Nous arrivons à nous joindre brièvement le lendemain, mais elle ne m'apporte pas vraiment de réponse. Elle-même me donne l'impression d'être débordée et dépassée. Je comprends que je vais devoir gérer cette nouvelle situation seule.

Les jours qui suivent, je profite des pauses déjeuner de ma formation pour aller à la rencontre des gilets jaunes : le rond-point des Vaches, celui du Zénith, de Oissel. C'est bizarre, maintenant ils me reconnaissent. Je suis bien reçue. Ils me disent leur colère, me parlent chômage, petite retraite et CSG, fermeture des écoles, etc. Ce mouvement a décidément fédéré des personnes très différentes les unes des autres, avec des passés et des conditions de vies diverses, mais je retrouve ce leitmotiv commun : nous n'arrivons pas à vivre dignement. Sur le terrain, je fais des rencontres qui ne cesseront de me hanter : ce couple d'employés au SMIC qui a honte de ne pas pouvoir payer les études de ses enfants ; cette femme battue qui vient me trouver à une réunion très tard le soir ; cette maman solo de deux grands ados à qui les banques ne veulent pas prêter l'argent pour acheter un logement parce qu'elle est seule ; cette retraitée de soixante-quinze ans qui doit faire des ménages et des gardes d'enfant pour compléter ses revenus ; ce père de cinq enfants qui dort dans la rue parce qu'il a tout perdu après son divorce… Je note, je me nourris. Quitte à être médiatisée, autant relayer les bons messages.

Le 1er décembre, c'est l'acte III des gilets jaunes, le troisième samedi de manifestation. Je ne repars pas à Paris, pas du tout envie de me confronter à la violence de la capitale, qui sera d'ailleurs terrible. Je préfère aller avec mes cousins et mes proches à Tourville-la-Rivière, où des gilets jaunes bloquent un centre commercial. Sans mon copain, qui, décidément, n'accroche pas. Je viens sans protection, seulement du sérum physiologique. Nous en prenons plein la figure, nous courons dans un sens, les CRS nous chassent dans l'autre. Ils nous gazent énormément. Un gars reçoit un tir de LBD au front, à une dizaine de mètres devant moi. Il s'écroule. Je ne comprends pas ce qui lui arrive quand il tombe, tout le monde crie. Nous le portons à l'abri dans une boutique d'équipement automobile. Je fais les soins avec une autre femme, je nettoie la plaie, la femme me tend des compresses, elle était mieux équipée que moi, je lui demande une bande et entoure la tête du blessé. Je suis écœurée, en colère. Charles, l'homme blessé, est choqué. Son amie est en larmes. C'est tellement violent ! Nous attendons les pompiers plus d'une demi-heure, ils arrivent escortés par plusieurs véhicules de CRS. Je vais à leur rencontre avec mon drapeau bleu blanc rouge à la main, pour les guider vers la victime. L'un des pompiers est un professionnel, je le reconnais mais je n'ai pas le temps de lui parler. « Miss CRS », le chef de l'escadron des CRS (chez les gilets jaunes on surnomme ainsi celui qui porte une banderole tricolore sur le torse et un mégaphone à la main) me crie dessus, il dit de moi que je suis une irresponsable et que tout ça est de ma faute, que je vais en payer les conséquences. Je suis scotchée, en quoi suis-je responsable du fait qu'un policier ait tiré avec son LBD sur un homme ? Je me défends tant bien que mal, mais il me somme de « dégager le terrain ». Je retourne vers la boutique et fais sortir Charles, qui est évacué. Nous garderons contact par SMS. Il portera plainte contre les forces de l'ordre, et je témoignerai par écrit pour lui.

Je rentre chez moi, je prends ma douche, j'ai l'impression d'avoir été empoisonnée, je suis épuisée. Mais le soir, je suis invitée aux dix-huit ans du neveu de mon copain. Il y a une grosse différence de niveau social entre sa famille et la mienne. J'arrive dans un bel endroit, le champagne coule à flots, les invités mangent des huîtres. Que des gens avec des beaux jobs. Je suis très mal à l'aise. J'ai presque honte d'être là, vis-à-vis de mes collègues gilets jaunes. Je me suis fait gazer toute la journée, c'est tellement décalé ! Je vois que beaucoup d'invités me reconnaissent, mais personne n'aborde le sujet. J'entends un homme parler de son bateau, il se plaint du prix de l'essence, les virées en ski nautique lui coûtent une blinde. Nous, c'est d'aller travailler qui nous coûte une blinde ! Je n'ai même pas envie de danser. Le choc des deux mondes ne m'a jamais été aussi insupportable.

Presque tous les soirs, après ma formation, je prends le train, pour aller sur des plateaux télé. C'est devenu ma mission, je martèle ma vérité, je plaide notre cause. Je reviens très tard chez moi, ou alors je dors à l'hôtel et je prends le premier train du matin. Ma mère garde les enfants et vient dormir chez moi. C'est épuisant comme rythme, un peu délirant comme organisation, mais je me sens utile. Notre message porte, et bien au-delà des gilets jaunes, les sondages indiquent que plus de 70 % des Français soutiennent le mouvement. Je continue à recevoir beaucoup de messages sur Facebook, mais aussi du courrier envoyé à mon domicile, de gilets jaunes ou pas, et de toutes professions : retraités, enseignants, informaticiens, artisans, fonctionnaires (petits et hauts), élus municipaux, personnel médical... avec des récits touchants de petites vies laborieuses et souvent douloureuses, des exposés détaillés et chiffrés sur telle ou telle inégalité, des compliments sur un passage télé et des mots de soutien simplement adorables, comme celui-ci : « Votre calme, votre gentillesse, votre intelligence, des propos justes, des revendications légitimes qui ont touché notre cœur [...] Mon épouse et moi-même nous vous soutenons, vous encourageons à continuer ce combat légitime, vous n'êtes pas seule, mais surtout protégez-vous [...] voilà, c'était juste pour mettre un peu de baume au cœur de la merveilleuse maman que vous êtes, et un être humain exemplaire » ; des conseils : « Attention à la récupération par les partis politiques », « Ne laissez personne vous intimider », « Ne changez pas » ; des propositions d'aide : le « directeur juridique d'une grande société » m'offre ses conseils et sa plume, un « cadre d'industrie et chef d'entreprise » des locaux pour travailler, d'autres de l'argent ou même un logement pour venir me reposer avec mes enfants et ma mère en vacances.

Ces messages positifs, qui ne cesseront d'affluer pendant tous ces mois, me donnent de la force et me disent que je suis dans le juste. « Personne ne demande l'aumône, résume une retraitée de Bandol, qui touche 800 euros par mois et doit continuer à travailler pour payer son loyer. Nous voulons juste vivre dignement. Ces mots, "digne", "être digne", il faut les répéter encore et encore. » Et elle souligne deux fois le mot. Oui, madame, j'essaie, je fais de mon mieux. Sans trop m'arrêter aux messages négatifs qui commencent à fleurir aussi, sur le thème « Vous faites chier les gilets jaunes, allez bosser et vous aurez de quoi nourrir vos familles ». Certains m'envoient des chèques. Je recevrai 410 euros en deux mois. Je ne sais pas quoi en faire. Les encaisser ? Les renvoyer ? Après tout, je ne les ai pas volés ; les personnes font preuve de solidarité et veulent m'aider. Ils m'aideront pour mes frais annexes : métro, essence, sandwichs, etc.

Le mercredi 5 décembre, j'organise seule une réunion, dans ma petite ville de Pont-de-l'Arche, de manière à savoir ce que les gens souhaitent, quelle « stratégie » adopter, et tout simplement se retrouver et échanger des idées. Le maire a prêté la salle des fêtes et les gilets jaunes autour de moi relaient l'info de la réunion. J'arrive en catastrophe avec trente minutes de retard, parce qu'*Envoyé spécial* m'a interviewée à la sortie de la formation, et que je devais ensuite gérer le repas des enfants. Les gilets jaunes ne veulent pas laisser entrer les médias. Ils resteront dehors, j'entre. Les gens parlent tour à tour, chacun s'exprime sur sa vie privée ; c'est long, rien ne se décide vraiment en termes d'organisation. Il fait chaud, je commence à enlever mon écharpe, et je comprends tout à coup que le micro d'*Envoyé spécial* y est encore accroché. Je n'ose pas l'enlever devant tout le monde. À la sortie, je m'en inquiète auprès des journalistes qui me promettent qu'on n'entendra aucune des interventions des personnes dans la salle, à part la mienne. De fait, ils respecteront leur parole. Mais cela suffira à nourrir la paranoïa d'une partie des gilets jaunes présents ce soir-là contre moi. Je les ai trahis, certains s'imaginent que leurs conversations ont été enregistrées pour être retransmises à la Macronie… Je comprends qu'on nage en pleine psychose. Les gilets jaunes détestent les médias dits « dominants », qu'ils pensent acquis au pouvoir. Dans les manifestations, les chaînes de télévision se font bousculer. À l'acte III, à Toulouse, deux journalistes de BFMTV ont évité de peu un lynchage par la foule. Je suis choquée par ces débordements, qui donnent une si mauvaise image du mouvement. Évidemment, on peut reprocher à la plupart des médias d'avoir mis du temps à comprendre qui nous étions, et à certains d'être méprisants envers nous, comme une grande partie de la société française, de minorer notre importance, de nous caricaturer, de focaliser sur les violences pendant les manifestations au détriment des marches pacifiques, de ne pas relayer assez nos revendications… Mais ils nous ont aussi beaucoup donné la parole, je suis bien placée pour le savoir. D'un côté, les médias ont besoin de personnes capables de servir de porte-voix au mouvement. De l'autre, nous avons besoin d'eux pour faire passer nos messages aux Français et au gouvernement. La ligne n'est pas toujours facile à tenir.

Trois cents personnes sont venues, la moitié n'a pas de place assise. Je ne m'attendais pas à un tel monde. Ils viennent avec leur vie, leurs revendications et leurs souffrances. François Boulo, l'avocat de Rouen, est là aussi. La trentaine, fines lunettes, sage duffle-coat d'étudiant, une petite écharpe croisée comme les nouent les mamans autour du cou de leurs enfants. Nous nous sommes déjà vus une fois sur un rond-point. Il prend la parole, il pense qu'il faut renverser le gouvernement, dissoudre l'Assemblée nationale. J'ignore s'il est de gauche ou de droite, je le trouve en tout cas jusqu'au-boutiste. Il me dira plus tard qu'il écoute Emmanuel Todd et Étienne Chouard en boucle dans sa voiture. Son discours est très radical, mais comme il est avocat, qu'il parle bien, avec un vocabulaire choisi, il en impose. Il n'est pas encore médiatisé. À la sortie de la réunion, il martèle : « Il ne faut pas rencontrer le gouvernement, même s'ils te le demandent. Il ne faut rien négocier. »

Je n'ose pas lui dire que j'ai justement rendez-vous avec Marlène Schiappa, secrétaire d'État chargée de l'Égalité entre les femmes et les hommes et de la lutte contre les discriminations. Elle a cherché à me joindre pendant plusieurs jours, et j'ai accepté de la rencontrer parce que je pense, contrairement à François Boulo et à beaucoup de gilets jaunes, qu'il faut accepter l'échange, qu'on ne perd rien à discuter et à communiquer. Je rentre chez moi éreintée. Je cherche à comprendre toutes les revendications et lesquelles prioriser, il y en a tellement ! En début de réunion, un homme, fortement alcoolisé, a crié du fond de la salle, en s'adressant à moi : « Et les onze vaccins obligatoires qu'on fait à nos gamins, tu trouves ça normal, toi ? Et tu vas faire quoi toi contre ça, hein ? Tu vas faire quoi ? » Je ne comprends pas où il veut en venir, les revendications concernent le pouvoir d'achat, et je ne suis franchement pas calée en vaccins. Une personne m'a dit par la suite que cet homme était le père d'un enfant en situation de handicap. Les gilets jaunes rassemblent une multitude d'individus avec chacun sa propre souffrance, et le besoin de crier celle-ci haut et fort.

Pour aller rencontrer la ministre à Paris, j'ai négocié avec le directeur du centre de formation et mes formateurs de ne pas assister à l'après-midi de cours. Ils m'ont donné l'autorisation sans difficulté. Ils connaissent la raison de mon absence, ils me suivent à la télé et à la radio depuis quinze jours, ils sont bienveillants. Cette fois, c'est moi qui paie mon billet. Dans le train, je prépare mes fiches. Je me concentre sur ce que je veux dire. J'arrive devant le cabinet ministériel. Et je comprends soudain. Je vais rencontrer une ministre ! Je n'aurais pas imaginé une seconde que cela m'arriverait un jour !

L'endroit se trouve dans un des quartiers les plus chics de Paris, le VIIe arrondissement. Je me retrouve devant cette très grande porte, sous les drapeaux français qui flottent dans l'air. Le verrou de la porte s'ouvre, je la pousse, elle est lourde. À l'intérieur, c'est beau, mais pas clinquant. On me conduit dans un grand salon, on me propose une boisson, il y a plein de journaux sur la table. Une autre femme gilet jaune arrive, accompagnée de son mari et de son fils. Marlène Schiappa entre, avec deux personnes de son staff. J'expose les problématiques des gilets jaunes, ils prennent des notes. Parfois, ils échangent quelques mots entre eux, par écrit. Je ne trouve pas ça très poli. Je ne filme pas l'échange avec mon téléphone, contrairement à ce qu'a fait Éric Drouet quelques jours auparavant, quand il a rencontré le ministre de la Transition écologique et solidaire François de Rugy. Je n'ai pas ce réflexe de filmer tout ce que je vois, de faire des *lives* en direct sur Facebook. Je ne suis pas très à l'aise avec ça. Ce n'est pas ma culture. En revanche, je ne cache rien. Marlène Schiappa a accepté d'être filmée, *Envoyé spécial* est là. Tout est transparent. L'autre femme gilet jaune dit : « Madame, vous vous rendez compte qu'un attaché parlementaire gagne 6 000 euros juste pour distribuer du courrier ! » La ministre répond : « Non, il gagne bien moins. » Son directeur de cabinet vérifie et précise : « De l'ordre de 1 800 euros ! », et Marlène Schiappa s'exclame : « Vous voyez ! Un salaire de misère ! » Je suis scotchée. Je viens de parler de mon salaire – moins de 1 300 euros – en disant que je ne m'en sors pas, et eux viennent de reconnaître devant nous que 1 800 euros, c'est un « salaire de misère » ! Je le leur fais remarquer, ils changent de sujet. Quelle maladresse, quel mépris, quel décalage ! Le fossé qui nous sépare de nos interlocuteurs politiques est immense.

Marlène Schiappa a demandé à me voir, mais pourquoi ? Je sors de cet entretien avec l'idée qu'il n'a pas servi à grand-chose. Quand *Envoyé spécial* est diffusé, je me fais attaquer de tous les côtés. Les gilets jaunes se sentent trahis. J'aurais fricoté avec les politiques derrière leur dos, je suis une vendue. C'est d'autant plus ridicule que la séquence a été filmée ! Je commence à prendre la mesure de la haine qu'ont les gens contre tous ceux qui représentent le pouvoir, les élites. Médias, politiques sont à leurs yeux les responsables de leur mal-être. Ils font partie d'un système à rejeter absolument, dont il ne faut pas s'approcher. Je suis d'accord sur le constat, mais pas sur les conclusions : je crois que pour diffuser nos messages et nos revendications, il faut entrer en contact avec le système. Je crois qu'il faut le faire évoluer de l'intérieur, en jouant le jeu démocratique. Je ne comprends pas encore combien cette différence de positionnement va me coûter cher.

Noël approche. Le mouvement a été marqué par des actes très violents en France, notamment à Paris. À l'Étoile, le 1er décembre, le gouvernement a même un temps craint d'être débordé par l'émeute. Emmanuel Macron, déstabilisé, a pour la première fois fait un geste vis-à-vis du mouvement, et annoncé le 10 décembre des mesures chiffrées entre 8 et 10 milliards d'euros, dont une hausse de la prime d'activité pour les salariés payés au SMIC, la suppression de la hausse de la CSG d'une partie des retraités, ou le retour des heures supplémentaires défiscalisées. Ces mesures « poudre aux yeux » trop partielles, qui ne s'adressent en réalité qu'à une partie infime des manifestants, arrivent trop tard pour éteindre le feu. Les gilets jaunes en veulent plus économiquement. Emmanuel Macron ne baisse pas comme ils le demandent les taxes sur les produits de première nécessité, et ne rétablit pas l'impôt sur la fortune. Les gilets jaunes en veulent plus politiquement aussi. Ils conspuent ce gouvernement qui leur envoie des gaz lacrymogènes tous les samedis et méprise leurs revendications. Sur les ronds-points, l'idée que tout le système politique doit être mis à plat fait son chemin. Aux revendications pour une répartition des richesses plus justes, se sont ajoutées celles pour une démocratie plus intègre. Une nouvelle idée a surgi, notamment, venue de l'extrême gauche, et reprise comme un leitmotiv : le RIC, le référendum d'initiative populaire en toute matière. Partout en France, des réunions d'information commencent à s'organiser pour expliquer comment ce RIC fonctionne, en Suisse ou dans certains États américains. Personnellement, je ne suis pas sûre que faire voter tout le monde sur tous les sujets – de l'avortement ou l'immigration à la peine de mort – soit une bonne idée. Mais le succès du concept chez les gilets jaunes montre la soif d'une politique différente, plus humaine, plus participative, donnant plus de place et de pouvoir aux citoyens.

Localement, notre blocage tous les samedis du centre commercial de Tourville-la-Rivière a pesé sur les petits commerces. Un des patrons de la galerie marchande me contacte. Il voudrait négocier une trêve pour les fêtes. « On comprend vos revendications, on connaît la souffrance de nos employés, mais là on ne va pas s'en sortir. On aimerait vous rencontrer. » Je préviens les gilets jaunes qui gèrent la page Facebook de Tourville-la-Rivière. Je leur dis : « J'y vais, je vous laisse décider qui m'accompagne. » Ils décident de venir à quatre. Nous avons rendez-vous le 18 décembre dans un des restaurants de la galerie. Tout est fermé, vide. Une galerie marchande de nuit, et sans personne, c'est un peu glauque. Une petite quinzaine de commerçants nous attendent. Nous sentons la tension, chacun est sur le qui-vive. D'un côté, les commerçants sont contrariés par tout ce qu'ils vivent depuis des semaines et se méfient de nous, c'est normal. De l'autre, les gilets jaunes sont soupçonneux, ils ont peur de tomber dans un traquenard, d'être pris en photo, qu'on puisse les soupçonner de trahir. Nous nous installons. Je commence la réunion par un « Présentons-nous. » Chaque commerçant explique son activité, et les conséquences du mouvement sur celle-ci. Ils ne sont pas dans la plainte ni l'invective, ils expliquent simplement. Certains racontent qu'ils vont devoir mettre leurs employés au chômage partiel. L'un d'eux ajoute qu'il a racheté sa franchise il y a quelques mois et qu'il ne peut pas honorer son emprunt. Son épouse est là ; ils sont au bord des larmes tous les deux. Ils vivent un drame. À notre tour, nous leur détaillons nos vies, nos difficultés, les raisons de notre engagement dans le mouvement. Nous leur disons : « On est comme vos employés qui gagnent le SMIC et ont du mal à joindre les deux bouts. »

Ils ne mettent pas en cause nos problèmes, ni même notre action, mais ils veulent juste que nous arrêtions de bloquer ces quelques week-ends juste avant Noël. Je leur propose : « Si nous le faisons, vous engagez-vous à payer l'intégralité des salaires à vos employés, malgré les jours de fermeture ? » Ils acquiescent.

Nous sortons au bout d'une heure et demie, soulagés. Il n'y a pas eu d'affrontement, pas d'insultes. La rencontre s'est passée dans le calme et la dignité. Mes quatre compagnons et moi-même sommes très touchés par la détresse exprimée. Nous décidons de relayer un appel à la trêve. Eux, sur leur page de gilets jaunes « CCTLR » (Centre commercial Tourville-la-Rivière) administrée collectivement. Moi, sur la mienne. Je ne mesure pas immédiatement que, parce que c'est une page personnelle, je suis une cible plus facile.

Je le découvre vite. Je vois des messages circuler, des rumeurs enfler : j'aurais touché « un gros pactole », j'aurais même « signé un contrat », un « accord de principe ». On m'aurait vue « sortir du cinéma » avec le directeur du magasin Carrefour… qui n'était pas là lors de cette réunion, que je n'ai d'ailleurs jamais croisé de ma vie. Le directeur de Carrefour, nous avions demandé à le rencontrer au moment du Téléthon, début décembre. Nous étions cinq gilets jaunes. Objectif : trouver un arrangement pour que le Téléthon puisse recevoir les dons, même si Carrefour fermait ses portes à cause des gilets jaunes. On avait imaginé un *deal* du type : « On s'engage à ne pas manifester si vous vous engagez à donner une partie de vos recettes au Téléthon. » Nous avions naïvement demandé au service de sécurité d'appeler le directeur, qui n'a jamais daigné nous recevoir. Les gilets jaunes ont donc continué leur blocage le samedi, la galerie est restée fermée et le Téléthon n'a pas eu ses dons, hélas. Dans la tête d'un gilet jaune, le directeur du magasin Carrefour est un sale patron, un méchant à abattre. J'imagine que la rumeur est partie de là. Elle n'a aucun sens. Je la regarde grossir sur les réseaux sociaux, j'hésite à répliquer, je décide de me taire. Je ne peux quand même pas m'exprimer officiellement pour dire : « Non, je ne suis pas allée au cinéma avec le directeur de Carrefour. » Ce serait ridicule ! Sur les réseaux, je lis aussi : « Elle va bouffer ses petits fours pendant que d'autres crèvent sur les ronds-points. » Quelle bêtise. Je suis d'un tempérament très calme. Je me mets très rarement en colère, même avec mes enfants, je ne sais pas crier, j'en deviens aphone. Mais là, je craque. Un matin, en partant au travail, dans ma voiture, je fais une vidéo. « Vous m'énervez, vous me faites sortir de mes gonds parce que les commentaires que je lis, ils sont injustes [...] J'ai pas dit de rentrer, j'ai pas dit de rester chez vous et de vous reposer, j'ai pas dit que j'allais fêter Noël puisque j'ai pas la thune pour le faire [...] Vous êtes obtus ou quoi ? [...] Je ne suis pas une vendue, une corrompue, je suis une gilet jaune en souffrance comme tout le monde [...] Vous râlez et vous tapez sur qui vous pouvez, mais je ne suis pas la cible. » Je ne fais quasiment pas de *live*, je n'aime pas cet exercice nombriliste. En revoyant ma tête sur cette vidéo, livide de rage, je me dis que j'aurais effectivement pu éviter. La vidéo en tout cas atteint sa cible. Elle fait plus de deux millions de vues. Mais elle n'empêche pas l'agressivité de perdurer.

Sur le terrain, des gilets jaunes de Tourville m'interpellent : « Tu n'es qu'une traître. » Ils sont d'autant plus énervés que leur point de blocage a disparu. Nous ne l'avions pas anticipé, mais les manifestations se sont déplacées à Rouen et n'ont jamais repris à la galerie marchande. C'est dans le centre-ville que l'on se retrouve dorénavant, que l'on voit se répéter chaque samedi le même cirque absurde de violences, de vitrines cassées, de portes de banques brûlées, et de gaz lacrymo sur tout le monde… J'y vais, parce que je dois être avec mes semblables sur le terrain, mais cette violence, tant du côté manifestants que du côté des forces de l'ordre, me pèse infiniment. Sans parler de celle dont je suis directement la cible. Un jour, alors que je marche tranquillement, un colosse de 1,90 mètre pour 110 kilos à vue de nez m'arrête et me hurle dessus : « Espèce de connasse, tu nous fais chier avec tes médias pourris, tu n'en as pas marre de te mettre en avant ? Retourne dans ta réalité ! » La nullité de ma réponse a été à la hauteur de ma stupéfaction : « Waouh la violence ! »

Cet homme m'a reproché ma médiatisation. C'est une des clefs de l'hostilité. Le mouvement ne veut pas de porte-parole. On leur a trop confisqué la leur, depuis trop longtemps, pour qu'ils acceptent que quelqu'un parle en leur nom. Ils se méfient de toute personne qui s'approche du pouvoir, du petit monde privilégié des médias, de l'élite. Ils rejettent « le système » et les figures qui naissent de ce système. À leurs yeux, aller sur un plateau télé, c'est fricoter avec le diable. Pourtant, nous avons besoin de faire passer nos messages. Et nous ne pouvons pas tous y aller. Il faut bien que certains parlent au nom des autres. Nous, ceux qu'on appelle désormais les « figures » du mouvement, sommes sortis de l'anonymat simplement parce que notre parole passe bien. Nous ne sommes pas des *leaders*. Nous n'avons pas de troupes derrière nous, pas d'organisation, pas de structure. Nous n'avons aucune expérience. Et notre médiatisation nous expose d'autant plus qu'elle est rejetée par une grande partie des gilets jaunes.

Il y a une chaîne que les gilets jaunes ont prise particulièrement en grippe : BFMTV, qu'ils surnomment « BFMerde ». Cette chaîne d'info en continu synthétise à leurs yeux toutes les dérives médiatiques. Elle caricature le mouvement, sa violence, ses opinions. Elle minimise son importance, notamment les chiffres du nombre de manifestants chaque samedi. Elle relaie, disent-ils, aveuglément la propagande gouvernementale. Ses journalistes sont si souvent pris à partie lors des manifestations qu'ils ne viennent plus filmer qu'anonymement, en cachant le logo de leurs caméras. Les programmateurs des émissions de cette chaîne me harcèlent pour m'inviter sur leurs plateaux. Je refuse d'y aller depuis le début. Comme je refuse d'ailleurs d'aller sur une autre chaîne, pourtant plébiscitée par Éric Drouet et la plupart des gilets jaunes médiatiques : RT, *Russia Today*, la télé de Poutine que je soupçonne de servir les intérêts russes et de se réjouir un peu trop du désordre créé par les gilets jaunes. En réalité, je boycotte tous les médias que j'estime « extrêmes », de gauche comme de droite, que ce soit *Le Média* proche de La France insoumise ou le magazine *Valeurs actuelles*.

Une journaliste de BFM, Apolline de Malherbe, me fait hésiter. En ce mois de décembre, elle est en congé maternité, elle voit le mouvement à travers son écran de télé, et elle mesure le décalage entre ce que sa chaîne donne à voir, et ce qu'elle perçoit du terrain. Elle m'appelle pour me faire une proposition : « J'aimerais qu'on donne la parole aux citoyens, les journalistes de Paris ne vivent pas la même chose que ce que vivent les citoyens dans les zones rurales. J'aimerais faire en sorte que le regard change, qu'on sorte de nos carcans. Je vous propose d'apporter ce regard citoyen sur l'antenne. Je vous propose une chronique. » Je trouve l'idée intéressante, mais je lui réponds : « Si je fais ça, je suis morte. » Je sais que les gilets jaunes ne vont pas aimer. Elle insiste : « Il faut voir les choses autrement, réfléchissez. » Nous en avons parlé longuement. Elle me recontacte fin décembre : « L'offre tient toujours, je reprends le 6 janvier, j'aimerais que vous soyez dans l'émission. » Elle m'envoie un mail avec sa proposition : c'est une émission où j'interviewerais l'invité avec mes questions de citoyenne. Les frais de trajet seraient pris en charge, comme pour tous les chroniqueurs, et je toucherais 150 euros brut. Je ne sais pas si c'est un tarif habituel pour un chroniqueur et je m'en fiche complètement. Je trouve surtout très tentant d'avoir cet espace pour poser mes questions de gilet jaune. Mais je fais traîner ma réponse. J'ai tellement peur des réactions, de tomber dans un piège.

Régulièrement, dans les manifestations de Rouen, je croise François Boulo, l'avocat en duffle-coat. Il est entouré de gilets jaunes gardes du corps. Il ne porte pas de gilet jaune, et généralement, après trois quarts d'heure de présence, il disparaît. Je crois qu'il ne se sent pas du tout à l'aise dans cet univers. Il ne l'est pas en tout cas avec moi puisque j'apprends qu'il me débine sur les ronds-points derrière mon dos. Je ne serais « pas fiable », il ne faudrait « pas avoir confiance en moi ». Simplement parce que j'ai parlé à Marlène Schiappa ? Lors d'une manifestation, le 22 décembre, je vais le voir : « C'est malsain, ces jugements que tu portes sur moi sur les ronds-points. On n'est pas d'accord sur la forme, mais, sur le fond, on veut tous les deux que les choses changent. Je pense qu'on doit structurer politiquement les gilets jaunes, ce n'est pas une trahison, c'est juste une différence de point de vue ! »

L'idée a fait son chemin dans ma tête. Ces manifestations tous les samedis, de plus en plus violentes, ne mènent à rien. Comment peut-on faire pression et obtenir un changement en restant à marcher dans la rue ? La question revient de plus en plus souvent, les leaders se montent la tête les uns et les autres, ils s'autopersuadent qu'en bloquant et, pour certains, en cassant, ils réussiront à obtenir la dissolution de l'Assemblée nationale, voire la démission du président. Je suis persuadée que rien de tout ça n'aura lieu. En décembre, après des manifestations particulièrement violentes, Emmanuel Macron a lâché dix milliards d'euros, certes. Mais pour des mesures très insuffisantes. Il faut que le mouvement évolue, que nous fassions pression autrement, de l'intérieur. J'aimerais en discuter, mais je n'ai quasiment aucun contact avec les autres figures du mouvement, ils ne cherchent pas à me parler et je n'ai pas vraiment envie de les côtoyer non plus. Je ne suis pas d'accord avec la méthode et le comportement de certains, trop complaisants avec la violence à mon goût. Je suis un peu effarée quand je vois l'influence d'Éric Drouet, qui fait tout le temps des *lives* de la cabine de son camion. Son site « La France en colère !!!! » a trois cent mille abonnés. Ses vidéos font plusieurs millions de vues. Mais ses messages, qui partent dans tous les sens, me semblent souvent incohérents. Ils sont en plus bourrés de fautes d'orthographe, comme s'il revendiquait son inculture, comme s'il fallait être illettré pour être gilet jaune. Il y a aussi Maxime Nicolle, ce jeune homme roux, avec sa casquette sur la tête. Il parle bien, mais il me paraît *borderline*. Une fois, j'ai vu un de ses *lives* sur Facebook, avec un invité mystère, un M. X qui disait posséder l'arme nucléaire. Maxime Nicolle était surexcité, il était allé exprès à Nice pour le rencontrer. J'ai trouvé qu'il donnait une drôle d'image de nous. Il a dérapé plusieurs fois d'ailleurs ensuite, il a notamment mis en doute la réalité de l'attentat du marché de Strasbourg du 11 décembre, où un terroriste a tué cinq personnes et en a blessé onze autres. Il est du genre complotiste, comme un certain nombre de gilets jaunes d'ailleurs. Priscillia Ludosky me paraît plus réfléchie et mesurée, nous partageons clairement une fibre écologiste, mais depuis notre premier échange téléphonique de novembre, elle est restée très distante, je n'ai plus aucune nouvelle. Je l'ai appelée début février lors du premier grand débat national, parce que des rumeurs disaient qu'elle serait là avec nous pour manifester lorsque le président viendrait à la rencontre des maires à Grand Bourgtheroulde. Ça me faisait plaisir et j'aurais voulu profiter de cette occasion pour discuter avec elle. J'ai laissé un message sur son répondeur, elle ne m'a jamais recontactée. Je n'ai pas particulièrement d'atomes crochus avec ces figures du mouvement, mais j'observe une règle d'or : ne jamais le dire sur les plateaux et dans les médias, je ne veux pas que l'on croie à une guerre interne que je ne mène pas.

Je croise d'autres gilets jaunes médiatisés sur les plateaux, repérés comme moi sur le terrain par les journalistes. Lætitia Dewalle, une femme très froide, co-animatrice des gilets jaunes d'Île-de-France ; Christophe Chalençon, un forgeron du sud de la France, expansif, charismatique et sûr de lui, qui a lancé des « assemblées citoyennes » ; Jérémy Clément, un artisan chef d'entreprise très souriant, de Montargis ; Jean-François Barnaba, fonctionnaire sans poste depuis des années, et sympathique sexagénaire. Ce dernier a demandé qu'on se revoie. Nous déjeunons ensemble. Lui aussi pense qu'il faut structurer politiquement le mouvement et il projette de créer une liste pour les élections européennes. Je trouve l'idée intéressante, il s'exprime bien, il a l'air posé, réfléchi. Un jour, je croise enfin Hayk Shahinyan. Il est venu avec sa copine. Une gueule de gendre idéal, yeux bleus, diction aisée. Il me dit qu'il fait partie de « Gilets Jaunes Le Mouvement », un groupe qui réfléchit à une issue politique. « Allez regarder nos vidéos sur Facebook ! » Sur le plateau, je l'écoute parler, et je songe : « Il n'est pas con, on a des idées similaires, on pourrait bien s'entendre. » Nous échangeons nos numéros, il me rappelle plusieurs fois après l'émission et me demande si je veux adhérer. J'ai regardé son site, et j'ai eu l'impression que ses idées collaient aux miennes, qu'ensemble nous pourrions arriver à défendre nos revendications, j'accepte. Il balance ma photo dans la foulée avec un message sur le groupe Facebook. Et hop, je suis des leurs. Ce que j'ignore, c'est qu'il a déjà bien avancé sur la réflexion politique, notamment avec Jérémy Clément, l'entrepreneur de Montargis, et Christophe Chalençon, le forgeron du sud de la France.

Hayk Shahinyan m'appelle après Noël et me dit : « On va se voir le 30 décembre, chez Bernard Tapie. » Bernard Tapie ? Je ne pense pas immédiatement à l'homme d'affaires, ni à l'homme politique. Pour moi, c'est l'ancien patron de l'Olympique de Marseille. Je sais qu'il est atteint d'un cancer, je me souviens d'avoir vu une banderole lui rendant hommage, lors d'un match. Que vient-il faire là-dedans ? Il est en contact avec Christophe Chalençon, nous n'en savons pas plus. Je ne me pose pas vraiment la question. Tout est tellement dingue depuis le début de ce mouvement. Je ne m'étonne même pas d'entendre sa voix au téléphone quelques jours plus tard. « Bonjour, c'est Bernard Tapie. Je vous propose de vous rencontrer avec Hayk, Alexandre Jardin et quelques autres, à mon domicile le 30 décembre à 19 heures. » Il a dû dire autre chose, mais je n'y prête pas attention, tant je suis surprise qu'une telle personnalité puisse vouloir me connaître. Je ne veux pas avoir l'air d'une gamine qui sautille à l'idée de rencontrer une « personnalité publique », je me contente de répondre oui, il me donne l'adresse et je raccroche.

6

POUSSÉE À L'EAU SANS AVOIR APPRIS À NAGER

Dimanche 30 décembre. J'arrive le jour J en voiture, vers 18 heures. Bernard Tapie vit au cœur de Paris, dans le VIe arrondissement. Nous nous retrouvons avec Hayk un peu avant le rendez-vous. C'est la deuxième fois que je le vois. Il est grippé, il boit un grog. Nous nous regardons en riant : « Qu'est-ce qu'on fiche là ? Ça va trop vite. » Nous avons l'impression d'avoir été poussés à l'eau sans avoir appris à nager. Nous nous disons que nous n'irons pas aux élections européennes, nous ne sommes pas prêts, c'est trop tôt. Nous allons l'annoncer à la réunion. Marc Doyer, qui est en contact avec Hayk, nous rejoint. Nous lui expliquons notre position. Je vois qu'il est très déçu.

19 heures. Nous entrons dans la cour d'un hôtel particulier, très beau. Bernard Tapie nous accueille en haut des marches, sur le perron. Il

nous serre la main. Je ne suis pas impressionnée, juste surprise. Je me l'imaginais grand et fort, il est amaigri et a les traits tirés. Sous son col roulé et son pantalon noirs, je devine son corps d'homme malade. Mais je reconnais son sourire, sa voix qui porte. Il nous montre le vestiaire et nous propose de nous installer dans le « grand salon ». Je n'aurais jamais imaginé entrer dans un endroit aussi magnifique pour autre chose que pour y faire des soins. Nous traversons un premier salon, puis un deuxième, avec mobilier d'époque, décoration chargée aux couleurs rouge et bleue, moquette et rideaux à pompons. Il y a plein de lumières partout, ça m'interpelle car, chez moi, je fais toujours attention à ma consommation. Nous passons devant un sapin de Noël incroyable. Il nous dit : « Je suis désolé, on n'a rien préparé de spécial, le personnel est en vacances parce que chez nous, à Noël, tout le monde doit être en vacances. » Je devrais en sourire, tellement c'est décalé, mais je suis naïvement touchée qu'il soit gentil avec son personnel. Son épouse nous sert des boissons. Une belle femme, de son âge. Il l'appelle par un petit nom affectueux, on sent qu'il y a de l'amour entre eux. Elle sort, avec ses deux chiens, nous ne la reverrons plus.

Nous nous asseyons. À ma gauche, Hayk occupe un canapé avec un homme petit et replet, et sa compagne asiatique, plus jeune. C'est

Alexandre Jardin, que je ne connais pas. Il se présente, dit qu'il écrit des livres et qu'il a créé Bleu Blanc Zèbre, une association citoyenne qui cherche à réduire les inégalités. Il est dynamique, sympathique. À côté de moi, un homme parfumé et raffiné, chemise et doudoune Hilfiger, petit chino bleu. Prétentieux. Je m'en méfie d'instinct. Il s'appelle Fabrice Mejias. Je sais que Hayk l'a choisi pour diriger l'association Gilets Jaunes Le Mouvement, et qu'il a été président de SOS Papa. Dans le canapé de droite, Bernard Tapie est assis avec Marc Doyer, qui multiplie les sourires à mon égard, comme si on se connaissait depuis toujours et qu'on partageait une grande complicité. Nous échangeons des banalités. Alexandre Jardin se goinfre de biscuits apéro. Je bois mon Perrier. Je me demande pourquoi ils sont là. Je ne me sens pas très à l'aise.

Bernard Tapie commence à parler : « Ce que vous faites, c'est beau, exceptionnel ! » Il évoque la limitation de vitesse à 80 kilomètres heure, explique comment il a perçu ce mouvement des gilets jaunes. Sa voix emplit le salon. Il raconte sa vie, son parcours, la période où il était ministre de la Ville. Hayk prend la parole, mais je suis étonnée, il n'annonce pas qu'on renonce aux européennes. Marc s'exprime à son tour. Puis c'est à moi. Je suis la seule femme à parler dans une assemblée d'hommes, comme si souvent. Je ne dois pas me démonter, il faut frapper fort. J'explique qu'on ne veut pas être achetés, recevoir quoi que ce soit de qui ce soit, et qu'on n'a pas pour ambition d'aller aux européennes. Marc se décompose.

« Comment ça, Ingrid ? demande Bernard. Que veux-tu dire ?

— On veut s'en sortir par nous-mêmes, créer quelque chose de nouveau, sans être récupérés.

— Mais tu crois que le but de cette rencontre est de vous récupérer ? demande-t-il.

— Non, mais notre combat est sincère, nouveau. Il vient d'une grande colère. »

Ça y est, je n'ai plus peur. Je parle avec mes tripes, je lève le poing, je m'enflamme. Hayk me regarde en se disant manifestement : « Ouh là, là, elle lâche les chevaux. »

Bernard me laisse parler longuement, jusqu'à ce que je me taise. Je m'adosse contre le canapé. « Ingrid, je viens simplement en soutien, je voulais saluer votre courage de vouloir changer les choses. » Tiens, il me vouvoie maintenant. Il me pointe du doigt, regarde les autres : « Dans la vie, il y a ceux qui veulent, ceux qui veulent vraiment, et ceux qui veulent, mais qui n'iront jamais. Je ne vous dis même pas dans quelle catégorie cette nana se trouve. Elle ira jusqu'au bout et croyez-moi, il y a de l'avenir et du potentiel dans cette femme. Vous avez tout ce qu'il faut et vous allez y arriver ! Vous dites les choses d'une façon qui ne peut qu'être entendue. » Il répète : « … qu'être entendue ».

Il est quasiment 22 heures, je le sens fatigué. Il est malade. Nous nous levons. En partant, lorsque nous récupérons nos vêtements dans le vestiaire, il me prend par les épaules avec chaleur : « Ne lâche rien, tu verras, tu peux y arriver, je le sais. »

Nous sortons. Alexandre s'en va, car il décolle pour la Thaïlande le lendemain. Nous décidons d'aller prendre un pot. Nous sommes en terrasse sous les parasols chauffants, il fait très froid. Fabrice et Hayk discutent de l'association. Je comprends que les statuts ne sont pas encore déposés. J'en suis juste membre, je n'y joue aucun rôle, je n'y prête pas trop attention. Marc m'explique sa vie. Il dirige un cabaret, il a deux fils, il me confie qu'il a été sur une liste LREM, qu'il s'est senti dupé. J'entends Fabrice donner des conseils à Hayk, il lui dit que ses tirades sur Facebook sont trop longues, « Il va falloir faire plus court. » Ça n'a pas l'air de plaire à Hayk, fiévreux, qui sirote un nouveau grog. Au bout d'une demi-heure, nous décidons de partir. Je porte mon petit manteau de chez Promod, le même depuis trois ans, mon bonnet, ma grosse écharpe, et mes vieilles bottines noires à lacets achetées en solde chez Eram. Un taxi s'arrête devant nous, une bombe atomique en sort. Une poupée russe sous une grosse fourrure blanche, juchée sur des talons astronomiques, elle est vraiment très belle. Un visage raffiné, un corps sublime. Elle se dirige vers nous. Sans doute veut-elle un renseignement. Non, elle embrasse Fabrice. « Je vous présente ma femme. » Impossible de reprendre la conversation. Nous restons cois. Subjugués. Je pense immédiatement : « On est vraiment trop loin des gilets jaunes, là. » Et ce gars, Fabrice, va être le président de notre association Gilets Jaunes Le Mouvement ? C'est un gag ! Je n'ose pas le dire à Hayk. Il me raccompagne à la voiture, il se confie. Son entreprise bat de l'aile, sa relation avec sa copine aussi. Il enquille les cigarettes. Il ajoute que, pour lui, ça ne s'arrêtera pas là. Il ne peut pas être sur une liste aux européennes, car il vise plus loin, plus haut, les élections législatives et même la présidence de la République. Je pense qu'il déraille parce qu'il est fiévreux. Son Uber arrive. Sur la route, je réfléchis : Bernard Tapie et son hôtel particulier, Fabrice, ses fringues de marque et sa poupée russe, Hayk et ses rêves de grandeur... Cela ne ressemble pas à mon combat. Je dois faire attention à ne pas me laisser emmener là où je ne veux pas aller.

Notre prochaine étape est d'organiser une rencontre nationale. Bernard Tapie nous prête des locaux au journal *La Provence*, qu'il dirige.

L'occasion symbolique, dit-il, de réconcilier les gilets jaunes et la presse. Cette réunion se prépare. Je participe à des conférences téléphoniques avec des gens que je ne connaissais pas ou très peu, et qui m'accompagneront les semaines qui suivront. Jérémy Clément et son pote de vingt-cinq ans, Frédéric Mestdjian, qui gère des transactions immobilières et qui a tout mis entre parenthèses depuis novembre. Côme et Ayouba, que Jérémy a rencontrés sur son rond-point de Montargis. Il y a aussi Christophe Chalençon et Brigitte Lapeyronie, juriste, qui vit en région parisienne. Les discussions sont préparées et millimétrées. Jean-François Barnaba et Alexandre Jardin souhaitent que nous créions une coordination nationale. Tout le monde veut en prendre la tête, c'est la cacophonie. Je pense de plus en plus fort que nous nous éloignons trop de notre point de départ. Après une énième conférence, Jérémy décide de ne pas aller à Marseille. Douze heures de train pour parler d'une coordination ? Trop cher, trop long, pour pas grand-chose. J'y renonce à mon tour. Côme et Frédéric aussi.

La veille du samedi, je reçois un coup de fil :

« Bonjour, c'est Bernard Tapie, qu'est-ce que j'apprends, vous n'allez pas à Marseille ?

— En effet, je ne suis pas d'accord avec tout ce qui s'organise, ça ne me correspond pas.

— Tu n'es pas d'accord alors tu n'y vas pas ? Mais à quel moment tu vas dire que tu n'es pas d'accord, alors ? À quel moment tu vas leur dire merde ? »

Je me fais engueuler comme une petite fille qui a fait une connerie.

« Non, mais de toute façon c'est trop tard, et trop cher, je n'en ai pas les moyens.

— Tout va se jouer sans toi et tu vas te taire ? Mais moi, je vais te le prendre ton billet d'avion ! »

Sa conviction me fait douter. Peut-être que c'est important d'y aller, au fond ? Peut-être que des choses essentielles vont s'y jouer pour le mouvement ?

« Bon, on va s'organiser, je vous tiens au courant. »

J'appelle Côme, Frédéric et Jérémy :

« Tapie pense qu'il faut qu'on soit présents. Il m'a proposé de payer mon billet.

— Nous, c'est chaud aussi. Est-ce que ça te gêne de négocier qu'il prenne les billets aussi pour nous ? »

Oui, ça me gêne. Nous avons l'air de quémander, je ne voulais même pas y aller, maintenant je me retrouve à prendre un avion, et il faudrait en plus que je négocie pour tous ? Non. Une femme me rappelle de la part de Bernard Tapie : « Tout est arrangé, tout est pris en charge. » Je suis embêtée pour les autres qui devront prendre le train, mais j'accepte.

La femme me réserve une chambre à Orly. Mes enfants sont chez leur père. Je n'ai rien de prévu donc je peux y aller. Je prépare une valise en quatrième vitesse, je prends le dernier train et je file à l'hôtel. Je vis à cent à l'heure depuis trois mois, je suis mon instinct. J'arrive à l'hôtel, c'est devenu une habitude, je monte dans ma chambre et je m'écroule, le ventre vide, tant pis. Je stresse pour demain. Je n'ai pas revu Hayk depuis la soirée chez Tapie, je n'ai pas réussi à lui exprimer mon malaise face à ses ambitions politiques et au profil bling-bling de son président. Je me demande ce qui va se dire demain et comment vont se passer les retrouvailles. Puis je sombre dans le sommeil.

Le 5 janvier au matin, j'ai peur de rater l'avion pour Marseille, j'arrive très en avance à Orly. Je n'ai pris l'avion que deux fois dans ma vie, avec Ryan Air, emmenée par mon compagnon. J'appréhende car j'angoisse au moment du décollage. Enregistrement, sécurité, fouilles… J'attends encore une heure. Embarquement. Mais là, l'hôtesse me dit : « Madame, vous ne pouvez pas embarquer, il y a un problème, il manque une syllabe à votre nom. » Sur le billet, je comprends qu'ils ont écrit « Levasseur ». « Vous devez retourner à l'enregistrement. Vous pourriez prendre l'avion suivant. » Je ne veux pas y croire, j'essaie de négocier, je leur explique qu'il reste quinze minutes avant de fermer les portes de l'avion, on peut sûrement changer le billet ? Non. Tout ça pour rien ! Je retourne à l'enregistrement, il y a bien un avion une heure après, mais il atterrit à Toulon et pas à Nice. J'appelle Bernard Tapie : « Je suis désolée, je dois annuler. » Je m'attends à ce qu'il me passe un savon, comme un père à sa gamine. Mais pas du tout, il me dit que l'important est d'arriver avant la conférence de presse en fin d'après-midi. « Prenez cet avion, on va vous envoyer un véhicule. » À Toulon, une vieille BMW et son aimable chauffeur viennent me chercher.

J'arrive très en retard, 13 h 30, au siège de *La Provence*, à Marseille. Il fait super froid, il y a du mistral, et je n'ai qu'une petite veste en cuir sur ma robe. Je vais être frigorifiée toute la journée. C'est l'heure pour ceux qui sont là depuis le matin de prendre une pause déjeuner, ils ont sorti des tables sur le parking de l'entrepôt, avec des boissons et des sandwichs. Les gens me sautent dessus, tout le monde me connaît et je ne connais pas grand-monde. J'ai du mal à me faire à ce déséquilibre provoqué par la notoriété. Les gens ont une longueur d'avance sur vous quand vous les rencontrez, je trouve ça un peu intrusif. On me prend en photo, Hayk m'approche, on nous prend en photo ensemble. Côme et Fred ont voyagé en TGV tôt le matin et sont là aussi. Ce dernier me rassure : « Tout va bien se passer. J'espère que tu as prévu un pull, parce que dans l'entrepôt, c'est la chambre froide. » Je regrette ma valise faite à la va-vite la veille au soir. Je n'ai pas eu le temps de manger, j'attrape un sandwich à la volée, et nous nous installons dans l'imprimerie du journal, une table, des chaises, au milieu de gigantesques rouleaux de papier. Chacun raconte ce qu'il a fait dans le mouvement, ce qu'il espère pour la suite. J'écoute en silence, lorsqu'un homme me tape l'épaule, il est assis à gauche de Chalençon, je me penche derrière ce dernier, pour entendre ce qu'il me dit : « Vous vivez de quoi en ce moment ? » Je réponds : « C'est compliqué, mais je m'en sors, je suis ambulancière. » C'est faux, je galère grave, mais il n'a pas à le savoir. Il reprend : « Votre vie ne doit pas être facile. Vous allez avoir besoin d'être soutenue ! Qui vous soutient ? »

Je suis étonnée par cette question.

« Comment ça ?

— Qui vous soutient financièrement ? Faut qu'on parle, vous me donnerez votre RIB avant de partir. »

Je regarde ce gros vicelard chauve, avec sa mèche sur le côté. Il me prend pour une pute ! Il me dégoûte.

Nous entendons des cris venant de dehors. Ce sont des gilets jaunes de Marseille, furieux de ne pas avoir été conviés à cette réunion. Nous avons eu vent quelques minutes avant que des manifestants allaient arriver. La réunion est interrompue. Il faut que nous allions à leur rencontre. Tout le monde me dit : « Non, Ingrid, tu ne sors pas. » Il n'y a que des hommes, ils veulent protéger « la » femme. Dans un premier temps, je reste à l'intérieur mais je vois que l'entrepôt se vide, je décide d'y aller. J'enfile mon gilet jaune, que j'ai toujours sur moi à cette période, je m'approche d'une grande grille. Derrière, un rang de CRS, et, au-delà, les manifestants. La situation est grotesque. Nous nous battons tous pour sortir de nos mêmes vies de merde, et nous nous retrouvons avec cette grille et ces CRS entre nous ! Hayk et Côme vont au-devant des manifestants. Mais pourquoi n'ouvre-t-on pas cette grille ? On m'explique qu'il y a déjà eu un face-à-face identique ce matin, qu'une délégation est déjà entrée. J'essaie de comprendre. Je discute avec mes camarades de lutte : « Ce qu'on fait ici, c'est pour tout le monde ! »

On me rétorque : « Mais Bernard Tapie est un truand ! » Ce à quoi je réponds : « Il nous prête des locaux, où est le mal ? »

En vérité, ils craignent qu'on ait déjà constitué une liste pour les européennes. Une délégation de cinq personnes finit par entrer, et constate que nous ne préparons pas de liste. Ça se calme. Nous retournons dans l'entrepôt, et nous pouvons reprendre la réunion. Dans l'après-midi, nous sommes une bonne soixantaine. Je prends la parole à plusieurs reprises, tout se passe bien. Hayk me souffle : « Il faut qu'on parle, Ingrid, tu ne peux pas me laisser comme ça et ne plus me donner de nouvelles du jour au lendemain. Il faut qu'on travaille ensemble, on peut faire un super duo. » Je ne suis pas convaincue, je reste vague : « Oui, on verra. » Je suis un peu énervée d'être venue. Traverser la France, bouffer du kérosène mais pour quoi ? Tout va trop vite depuis novembre.

Une conférence de presse est prévue en fin d'après-midi. C'est la première à laquelle j'assiste. Marc Doyer insiste pour que je sois celle qui prenne la parole en premier, étant la seule femme. Nous sommes assis, les journalistes devant nous s'engueulent parce qu'ils n'ont pas tous une place. Ils sont agglutinés, micros tendus. Finalement, Hayk décide de parler en premier. Puis je dis trois mots, je n'écoute pas ce que les autres racontent. C'est du cirque tout ça. Je repars à toute vitesse, car j'ai mon avion à prendre. Je suis frigorifiée, fatiguée, affamée, et déçue par cette journée qui n'a servi à rien. Il me reste 4 % de batterie. Juste avant le décollage, je vois un message de Hayk : « Alors, tu as accepté le boulot sur BFM ? » Nous en avions parlé avec Hayk. Oui, j'ai fini par prendre ma décision et je viens juste d'accepter. Mais ce n'est pas encore public et surtout ce n'est qu'une chronique d'essai, et si ça ne me plaît pas, je ne réitère pas. Je découvre sur Internet que c'est un magazine *people* qui a sorti l'information. L'avion décolle. Bon, de toute façon, il fallait bien que cela se sache. Je ne suis pas trop inquiète. À Orly, je prends le RER pour rejoindre la gare Saint-Lazare, je suis tellement fatiguée que je voudrais dormir là, maintenant. Mais mon train ne part que deux heures plus tard.

Je vais dans un fast-food pour recharger mon téléphone, je commande un menu. Il est 20 h 30, il fait nuit, j'ai encore et toujours froid. Je commence à manger, mon téléphone se rallume et ne fait que sonner, sonner : des SMS, des publications sur Facebook, des appels, etc. Je lis. Des coups de poignard. J'en livre quelques-uns, pour en partager la violence et la trivialité : « Tu donnes ton cul à BFM quelle honte, en même temps tu as dû bien sucer le directeur de BFMTV » ; « Cette femme est une collabo, tous les gilets jaunes vont la détester. Une mange-merde, elle va donc arrêter de torcher les culs de ses patients pour bosser avec une autre farfelue, Apolline de Malherbe, qui n'arrête pas de faire des bébés » ; « Je vais aller lui prendre l'anus à cette salope miam j'ai faim les amis » ; « C'est rare de voir une pute en jaune, attention le racolage est répréhensible » ; « Dégagez-la cette putain ! » ; « Je propose qu'on l'encule » ; « Tu me donnes la gerbe petite bourgeoise à deux balles » ; « Tu nous as trahis, mais tu vas le regretter »... Voilà la haine qu'il faut digérer, entre un hamburger Long Fish et une frite, après une journée de dingue. Il n'y a quasiment personne dans le fast-food, à part quelques jeunes. Je ne suis pas surhumaine. Je suis surmenée. Trop c'est trop. C'est injuste, insupportable. Je m'effondre, je pleure pendant deux heures.

Apolline de Malherbe, la journaliste de BFM, m'envoie une copie du tweet qu'elle vient d'envoyer sur le réseau : « Ce qui m'a frappée ces dernières semaines, c'est la nécessité d'ouvrir le champ à des personnalités diverses, issues de la société civile, du monde rural... que toutes les voix puissent s'exprimer » suivi d'un tweet qui confirme l'arrivée d'une gilet jaune dans son équipe : « C'est une personnalité forte à qui donner la parole. »

Je lui réponds : « Apolline, je suis désolée mais ça ne va pas être possible. Les gens sont fous. »

« Ah non, Ingrid, ne me lâchez pas, je nous ai défendues toutes les deux de tout mon cœur et de toutes mes forces, ne me laissez pas tomber. Que dire sinon à ceux qui, à raison, regrettent que personne ne les représente dans les médias ? Pensez à ces femmes seules, pensez à ces retraités, pensez au monde rural qui trouve qu'il n'y a que des Parisiens à la télé, eux ils ne crient pas sur Facebook, mais je peux vous assurer qu'ils seront heureux et même émus de vous voir à l'antenne. Je vous ai donné ma parole que vous seriez libre, on va y arriver. »

« Je me fais lyncher sur les réseaux, c'est horrible. »

« Si vous laissez tomber, vous leur donnez raison. »

« Je sais, mais si je viens je risque de me faire agresser physiquement, ils sont très virulents et là j'ai peur. »

« Si vous ne voulez pas, Ingrid, je ne peux pas vous forcer, le jeu n'en vaut pas la chandelle, il y a des choses plus importantes dans la vie. Je suis triste que la violence soit si virulente, quoi que vous décidiez, je vous respecterai. »

« J'ai envie de pleurer tellement je trouve les gens injustes. Je crois que ce combat n'ira nulle part avec des idiots pareils. J'ai mal à mon pays. »

« J'en suis malade. »

« Vous n'imaginez pas l'état dans lequel je suis. »

De fait, je pleure comme une madeleine pendant que je lui écris ces textos. L'annonce est divulguée partout, comme si c'était une information de première importance. Dès que je regarde un moteur de recherche, elle me saute aux yeux.

La journaliste m'envoie ce dernier texto : « J'ai été naïve, j'étais tellement confiante dans la sincérité et la justesse de notre démarche, je n'ai pas mesuré le degré de haine qu'il y a partout, chez certains gilets jaunes, mais parfois aussi chez certains journalistes. Pour autant, je ne regrette pas, je crois qu'on avait raison… »

Je ne peux même pas passer un coup de fil à mon copain. Il m'a plaquée six jours auparavant. Au fil des semaines, le fossé a grandi entre nous. Depuis le 17 novembre, ma vie est entièrement articulée autour de ce mouvement. Je vis gilets jaunes, je dors gilets jaunes. Mon copain a essayé de comprendre, il est même venu avec moi à la manif que j'ai organisée à Louviers. Quand je lui racontais, il écoutait. Mais je l'ai trop délaissé. J'étais trop absente, trop fatiguée, aspirée par les appels et les messages sur mon portable. Je ne faisais plus de sport, notre passion commune. Nous avions habituellement des entraînements bien précis, pendant lesquels il me coachait, ou pendant lesquels je le suivais à vélo, en l'encourageant. Et puis cette nouvelle vie, ce nouveau monde dans lequel j'étais aspirée, ne lui plaisait pas. D'une certaine manière, je lui échappais. Il voulait me protéger, il était jaloux de mes nouvelles rencontres, il avait peur pour moi et pour nous. Je n'étais plus la femme disponible et attentionnée qu'il avait aimée. Notre vie intime s'était réduite comme une peau de chagrin. Me sentant sans cesse jugée par les gilets jaunes, je lui avais demandé d'éviter les démonstrations d'affection dans la rue. Je ne voulais pas qu'on me reproche d'être une fausse maman solo. Rétrospectivement, je regrette d'avoir nourri ces peurs, alors que, de fait, je n'habitais pas avec lui, j'élevais mes enfants et je payais seule mes factures. Mais je craignais la médisance.

Le 31 décembre au soir, nous avons longuement parlé. Les enfants n'étaient pas à la maison. Et le lendemain, au petit-déjeuner, il m'a dit qu'il ne voulait plus continuer comme ça. « Tu ne me retiens pas ? m'a-t-il demandé. — Non. » Prise dans un tourbillon qui l'éjectait, je n'en avais pas l'énergie.

Mais là, ce soir, dans mon Quick, je me sens si seule. Je sanglote sans interruption. Je vais à la gare, en espérant que les gens ne vont pas me reconnaître, ni me prendre en photo, avec ce visage défiguré par les pleurs. Heureusement, il n'y a personne, il est tard, c'est le dernier train. Je ne pense qu'à dormir. Vers une heure du matin, je reçois un appel et un message de François Boulo, l'avocat. « Bonsoir Ingrid [...] je viens de découvrir ce qui se passe sur ta page Facebook. Je suis à ta disposition si tu veux en parler. Bien à toi. »

Je lui réponds : « J'ai beaucoup de mal à accepter. Il faut que j'encaisse le coup. »

« Mais que s'est-il passé pour qu'une telle situation se produise ? Je hais l'effet de meute et suis donc désolé de ce qui t'est arrivé. »

« J'ai bien eu l'offre et je l'ai refusée. Des collègues d'Apolline, frustrés et outrés qu'elle propose un boulot de chroniqueur à un Gilet jaune, ont pensé intelligent de divulguer cette proposition. »

« Pff ? Non mais il y a des gens… écœurant. Écoute, je te propose qu'on échange maintenant pour t'aider. »

Il m'appelle dans la foulée, au moment où je récupère ma voiture. Nous parlons tandis que je conduis. Je ne peux m'empêcher de pleurer en racontant ce qui s'est passé. Il me propose son aide. « La com' c'est compliqué, ce n'est pas inné. » Il me rassure. Il est avec un gilet jaune qui est devenu son attaché de presse, Sébastien Lelièvre. Les deux prennent le téléphone à tour de rôle, me conseillent d'arrêter les médias nationaux, de repartir à la base, sur le terrain. Sébastien va s'occuper de ma communication, filtrer les médias. Ils préparent un communiqué de presse pour le lendemain, ils me demandent tous mes contacts presse, que je leur envoie, naïvement. Je suis soulagée de cette aide, je les remercie. J'arrive chez moi, les enfants sont chez leur père. Je m'écroule dans mon lit. Il est 3 heures. Je suis anéantie.

Le lendemain, Sébastien m'envoie mon communiqué de presse.

Le 11 décembre 2018, la production de BFMTV m'a proposé un essai de chronique hebdomadaire dans une émission politique. Début janvier 2019, la production de BFMTV a complété sa proposition pour me confier un rôle de chroniqueuse moyennant une rémunération de 150 euros brut par émission.

Après avoir pris le temps de la réflexion, j'ai pensé que la possibilité qui m'était donnée de m'exprimer publiquement en tant que citoyenne et gilet jaune pouvait servir la cause du mouvement.

Dans ce cadre, j'ai accepté de participer à une première émission pilote le 6 janvier 2019, ne comportant aucun engagement sur ma participation future à de nouvelles émissions, précisant que cette activité ne pouvait se substituer à mon activité professionnelle principale. Le samedi 5 janvier, un article de presse a été publié, annonçant à tort que j'avais accepté un poste de chroniqueuse régulière et permanente sur BFMTV.

Au regard des messages hostiles voire insultants remettant en cause mon honneur et mon intégrité, j'ai immédiatement pris la décision de renoncer à participer à l'émission.

Je ne peux que regretter le procédé déloyal qui a été utilisé à mon encontre alors que je

> consacre depuis le début du mouvement toute mon énergie pour notre cause au détriment de ma vie personnelle et familiale.
>
> Ingrid Levavasseur

Je me laisse porter. Il me rappelle :

« Je connais la com', j'ai l'expérience, tu as fait des erreurs tactiques. Retourne aux racines, sur le terrain, fais-toi discrète, tu dois récupérer la confiance des gens.

— Ah bon ? Tu crois ?

— Oui, puisque tu es aide-soignante, tu devrais faire *street-medic*. »

Il me suggère de rejoindre ces secouristes bénévoles qui s'occupent des blessés dans les manifestations. Dorénavant, les médias qui essaient sans cesse de me contacter reçoivent ce message : « Bonjour, je vous invite à contacter M. Lelièvre qui s'occupe désormais de la communication me concernant. »

Je me recentre sur ma vie. Autour de moi, je peux compter sur le soutien de ma famille, d'amis fidèles et de gilets jaunes de Louviers. Les uns et les autres passent me voir, m'appellent, m'envoient des messages. Mais je suis très tendue. J'ai peur pour les enfants – pendant un temps, je les amène le matin à l'école, et vais les chercher le soir. J'ai peur pour moi aussi. Je me renseigne au centre de boxe de Louviers, pour savoir s'ils organisent des stages de self-défense. Ils ne le font pas. Ils m'envoient à Rouen, mais c'est beaucoup trop cher pour moi. Je finis par m'acheter une bombe lacrymogène.

Sébastien et François me répètent que je n'ai pas su communiquer. C'est vrai que je n'y ai pas assez réfléchi. J'adore échanger avec les gens sur le terrain, mais les réseaux sociaux ne m'intéressent pas trop. Je ne nourris que très peu ma page Facebook. Depuis ma médiatisation, j'ai enlevé les photos de mes enfants, viré celles de ma vie d'avant, dont celles où j'étais obèse. J'essaie de donner le moins d'infos possible sur ma vie privée, estimant que je me mets déjà assez à nu comme ça sur les plateaux. Je n'ai personne pour m'aider à répondre aux centaines de messages et aux dizaines de courriers qui arrivent chaque jour. Je ne peux pas tous les lire, encore moins y répondre, du coup certains deviennent agressifs. Contrairement à Éric Drouet ou Maxime Nicolle, je n'ai pas de groupe de modérateurs pour administrer ma page, personne pour la filtrer ni l'assainir. Les messages de haine m'arrivent en direct et restent ensuite sur mon mur, visibles. Je sens bien que cela ne va pas. Il faudrait sûrement que je sois entourée, que je me professionnalise, comme les autres. Mais je ne sais pas trop comment faire, à qui demander. Et puis je suis happée, les journées sont pleines, tout va si vite.

Les autres « figures » des gilets jaunes utilisent aussi beaucoup le *live* Facebook, grâce auquel ils peuvent communiquer instantanément avec leur communauté et au-delà, puisqu'un *live* est ensuite partagé sur les réseaux sociaux à l'infini. Le principe consiste à parler en direct, *via* son téléphone portable, à ses abonnés. Ceux-ci reçoivent une notification Facebook indiquant que vous commencez votre vidéo, ils se connectent et peuvent vous voir, vous écouter, et réagir en envoyant des messages qui apparaissent sur les écrans de tous ceux qui suivent. Éric Drouet, de la cabine de son camion, ou Maxime Nicolle, de son petit appartement, sont devenus puissants et connus grâce à ces vidéos. Ils y expliquent ce qu'ils pensent du mouvement, ils annoncent les actions à venir, débriefent celles passées, font vivre à leur communauté les moments forts, les manifestations, les arrestations, etc. Ils y apostrophent le pouvoir, s'expliquent sur les malentendus, s'engueulent entre eux, réagissent immédiatement aux polémiques, éteignent les feux ou les rallument selon leur envie. Ces vidéos, qu'ils dégainent sur leurs portables où ils veulent, quand ils veulent, sont des outils de communication instantanés, gratuits, d'une souplesse et d'une puissance extraordinaire, qui ont fait la force du mouvement. J'aurais bien aimé les utiliser, seulement voilà, je ne suis pas à l'aise. C'est sûrement génial, mais un brin narcissique de parler dans le vide devant son portable à des gens qu'on ne voit pas, de se regarder dans un écran qui fait miroir. J'ai essayé et détesté. Le premier *live* que j'ai fait était si mauvais que je l'ai supprimé. L'écran tournait, je ne savais pas comment tenir le téléphone. Je n'arrêtais pas de me tortiller. J'ai vite compris que je n'y serais jamais naturelle.

François et Sébastien ont raison, je ne suis pas douée pour communiquer. Mais il se passe un truc bizarre avec mon « attaché de presse ». Je lui transmets toutes les demandes de médias, et rien ne me revient par la suite. Je prends conscience que François Boulo est lui en revanche beaucoup plus présent à la télé qu'avant. Je vois qu'il est passé chez Ardisson. Or cette émission me demande de venir depuis plusieurs semaines et nous étions en train de finaliser une date. Depuis que Sébastien s'occupe de moi, je n'ai plus de nouvelles. Je me décide à appeler Sabrina qui gère la programmation. Elle est très surprise. « Sébastien Lelièvre m'a dit que vous n'étiez pas disponible jeudi ! » Je n'avais pas dit que je n'étais pas disponible, j'avais juste indiqué je devais demander l'autorisation de partir plus tôt à mon employeur. Quelque chose cloche. Je ne rappelle pas Sébastien. Je n'ose rien dire. Peut-être se sont-ils trompés ? Ils sont gentils, ils m'ont aidée. Je suis loyale et idiote. Mais les « erreurs » se reproduisent. J'appelle un jour Apolline de Malherbe pour échanger de vive voix sur tout ce qui s'est passé depuis le 5 janvier, et je lui demande si BFM a des nouvelles de mon attaché de presse. Elle me laisse entendre que l'équipe Boulo/Lelièvre fait son business. Le 15 janvier, elle m'envoie un mail : « Bonjour Ingrid, Pour votre info… Lelièvre m'envoie tout le temps des textos pour dire que "maître Boulo" est disponible pour ci ou ça… Or il ne le fait jamais pour vous, il me semble. Je voulais juste vous en informer, à la suite de notre conversation. J'espère que vous allez bien. Apolline. » C'est la preuve qui me manquait. Je n'ai pas envie de conflit, je décide simplement de ne plus renvoyer les demandes de médias, et d'y répondre directement. Immédiatement, les invitations reviennent. Sébastien me voit à la télé. Il n'est pas content. Il m'écrit : « Si je m'occupe de ta com', je le fais. »

Le 24 janvier, France 2 prépare une grosse émission sur les gilets jaunes, animée par Léa Salamé et Thomas Sotto. Ils m'avaient demandé de venir avant que Lelièvre ne prenne ma communication « en charge », j'avais déjà accepté. Mais je ne lui en avais pas parlé. La veille du plateau, François Boulo m'appelle vers 22 heures. Il devait aller aussi sur le plateau : « Ils ont annulé parce qu'ils trouvent qu'on est trop proches l'un de l'autre géographiquement. Ingrid, tu sais que, le 5 février, je lance un appel général à la grève, il faut que les gens non syndiqués sachent qu'ils ont le droit à la grève eux aussi. Les gens ne te croiront pas si tu en parles, tu n'as pas de légitimité sur ces questions. Moi, je suis avocat en droit du travail. Je dois absolument passer à cette émission. C'est une très grosse audience, il va y avoir des millions de téléspectateurs. » Et il lâche sa conclusion : « Il faut que ce soit moi qui prenne ta place. » Je suis un peu estomaquée. Sébastien Lelièvre reprend le téléphone : « François a raison, Ingrid, il faut que tu laisses ta place. Les Français feront plus confiance à un avocat. » Et il insiste sur mon incompétence. Face à la charge, j'accepte. François jubile au téléphone : « Merci ! France 2 va sûrement t'appeler pour te faire changer d'avis, ils vont te donner un coup de pression, sois ferme, ne cède pas, appelle-moi. » Pendant que je l'écoute, je sens la colère monter en moi, contre moi. Je me dis : « Et voilà, tu n'es pas fichue de tenir ta place face à la pression de deux mâles. » Je regrette d'avoir accepté. Je n'ai pas le courage de les affronter directement au téléphone. À 22 h 45, j'envoie un message au programmateur de l'émission. « M'appeler moi et uniquement moi s'il vous plaît. »

Celui-ci me recontacte aussitôt. Je lui explique : « Demain, à la première heure, Sébastien Lelièvre va vous appeler pour dire que François Boulo va prendre ma place et que je suis d'accord. Sachez qu'en fait, je souhaite être là. » Il me répond qu'ils veulent ma présence et qu'il va arranger l'affaire. Je dors très mal toute la nuit. Le mercredi matin, je reçois le message de France 2 : « Je vous confirme bien votre invitation. »

Je n'ai jamais reparlé à François Boulo depuis. Le 25 janvier, le lendemain de l'émission, Sébastien m'indique par texto qu'il ne s'occupe plus de mes relations presse et me demande ce qu'il doit faire des demandes médias en cours. Je lui écris de me les renvoyer. Je n'en ai reçu aucune à ce jour. Après coup, je me suis sentie manipulée, mais heureuse de ne pas m'être laissée duper. J'ai bien failli pourtant. Si je les avais écoutés, je serais restée dans toutes les têtes la pauvre fille à qui on a proposé un poste chez BFM et qui, face aux menaces, est retournée se terrer peureusement dans sa Normandie. Et plus personne n'aurait plus vu la couleur de mes cheveux.

Souvent, dans mes déplacements, je suis accompagnée par Guy, un gilet jaune rencontré en manifestation, qui administre le groupe de Louviers, où il est très respecté. Dans la vie, il est chauffeur routier et possède sa propre auto-entreprise de dépannage auto-moto. Il dit qu'il n'a pas à se plaindre, mais qu'il agit par solidarité avec les autres. Il me conduit parfois en moto ou en voiture sur les émissions de télé, il explique en riant qu'il fait le « service chauffeur », parce que, bien souvent, je passe le trajet le nez dans mon téléphone, à répondre aux messages. Un jour, Guy m'alerte : « Les gilets jaunes du coin relaient les rumeurs ; tu es très attaquée sur les ronds-points. Ce serait bien que tu t'expliques en direct. » Il me propose d'organiser chez lui, dans son village près d'Évreux, une réunion avec les leaders locaux. J'accepte. Je suis toujours partante pour lever les quiproquos. On a rendez-vous un lundi 21 janvier au soir : les enfants ont école le lendemain, je les dépose chez ma mère. Je me gare devant le pavillon. Je ne suis jamais allée chez Guy. C'est fou parce qu'on ne se quitte pas depuis novembre, nous avons bâti une relation très forte, intime et confiante, mais nous n'avons pas eu le temps de connaître nos vies « d'avant ». Au moment d'entrer, j'ai un doute : « Et si c'était une embuscade ? » Je deviens parano. Mais non, je suis chez Guy, avec des gilets jaunes que j'ai sûrement déjà rencontrés pour la plupart. Et d'ailleurs, je les reconnais quasiment tous quand j'entre dans le salon. Ils sont sept. Six hommes et une femme. Il y a le gars qui gère le groupe de Louviers, celui d'Évreux, celui de Conche… L'ambiance semble plutôt détendue. Nous prenons un apéritif. C'est l'un d'eux, Cyril, qui parle. Il me pose des questions assez précises sur mon ancien travail à l'hôpital. Il hoche la tête à chacune de mes réponses : « Je confirme ce que tu dis » ; « C'est les infos que j'ai eues. » J'ai affaire à un psychopathe qui a donc enquêté sur toute ma vie ! Au moins, il peut vérifier ma sincérité. Il enchaîne : « Peux-tu nous parler de tes relations avec le directeur de Carrefour ? » Je rétorque que je ne l'ai jamais vu. « Si, me coupe Cyril. Tu as été prise en photo avec lui. » C'est énorme. Ces photos ne peuvent pas exister, vu que je ne l'ai jamais rencontré, je ne sais même pas à quoi il ressemble. « Montrez-moi ces photos. » Évidemment, ils ne les ont pas. Il me parle d'un accord écrit qu'il aurait lu. Je lui demande de me le montrer. Il refuse. Et pour cause. Il enchaîne sur la réunion avec les commerçants de la galerie marchande de Tourville-la-Rivière : les quatre gilets jaunes qui y ont assisté avec moi se sont gardés de dire qu'ils étaient présents. Les gens sont persuadés que j'ai organisé la trêve seule dans le dos de tout le monde et que j'ai touché de l'argent ! Je rétablis posément la vérité. Il continue sur Marseille : là encore, ils pensent que j'ai été payée par Tapie. Cette suspicion est dingue, mais ne m'étonne guère. Il y a un tel manque de confiance en l'autre chez les gilets jaunes. Tout le monde suspecte tout le monde, et surtout ceux qui sont dans la lumière. J'ai rencontré des ministres, j'ai donc forcément basculé de leur côté, j'ai évidemment été achetée. Quand la secrétaire d'État auprès du ministre de la Transition écologique, Emmanuelle Wargon me dit devant les caméras : « Je suis ravie de vous revoir », parce que nous nous sommes déjà croisées sur LCI, l'information sur les réseaux sociaux devient une énième *fake news* : « Ingrid Levavasseur avait déjà rencontré Wargon en cachette. » Pour beaucoup, je suis corrompue par Macron et j'œuvre dans l'ombre contre les gilets jaunes. Mon pauvre pavillon HLM, transformé par magie en « une super baraque », en est la preuve

Cette fois, c'est donc Bernard Tapie qui m'a achetée. Je prends le temps de leur raconter longuement comment ça s'est passé. Ils m'interrogent aussi sur Charles, le blessé par tir de LBD dont je me suis occupée lors d'une manifestation à Tourville-la-Rivière. Le bruit court, disent-ils, que je l'aurais soigné exprès pour les caméras d'*Envoyé spécial*, puis que je l'aurais laissé tomber avant l'arrivée des pompiers une fois les journalistes partis ! Que de fantasmes ! Je leur explique qu'*Envoyé spécial* n'était pas présent à ce moment-là, je n'ai donc pas pu « agir pour les caméras ». Et oui, je suis bien restée jusqu'à l'arrivée des pompiers, j'ai même ensuite envoyé à Charles une déclaration pour appuyer sa plainte contre les forces de l'ordre. Je dois aussi leur montrer les photos sur mon portable qui prouvent que j'ai bien participé aux manifestations depuis le début du mouvement, avec ou sans caméra. Comme s'ils pouvaient me délivrer un certificat de vrai gilet jaune ! « Tu peux nous parler de ta réunion d'hier ? », me demande Cyril. Je suis très étonnée de cette question. Il est donc au courant d'une réunion du RIC, qui a eu lieu la veille, en région parisienne ? Je n'ai pas participé à cette réunion, seul Sébastien Lelièvre en connaissait l'existence. L'info ne peut venir que de lui. Je comprends alors qu'il répète sans doute tout à François Boulo, qui doit faire circuler ensuite sur les ronds-points. Au final, tout le monde sait ce que je fais… ou plutôt tout le monde croit le savoir.

Ils en ont fini avec les questions. Je me détends. Je leur dis que j'aimerais intégrer leurs réunions, pour réfléchir avec eux à la façon de structurer le mouvement. Leurs visages se ferment.

« Tu n'es pas près d'assister à une réunion, tu as perdu la confiance des gilets jaunes, tu les as trahis.

— Mais trahis en quoi ? Vous voyez bien que ce sont des rumeurs, des fantasmes ! Laissez-moi venir leur parler.

— Non, ils ne sont même pas au courant qu'on te rencontre. »

Ils sont mal à l'aise. La tension est palpable. Guy paraît embêté.

« Bon, on lui dit, lâche l'un d'eux.

— Tu sais pourquoi tu es là ? me demande Cyril.

— Comment ça ? Bah oui, pour qu'on s'explique, qu'on puisse mettre tout à plat, et qu'on reparte sur de bonnes bases pour travailler ensemble ? »

Ils s'agitent sur leurs chaises.

« Non. On pense que tu peux nous être utile pour faire passer nos messages, ton image peut nous servir. »

Quelle déception ! Je ne souris plus du tout moi non plus. Je suis défaite. Décidément. On me prend pour une conne. François Boulo se fiche de moi. BFM se fiche de moi. Le gouvernement se fiche de moi. Je quitte ce tribunal, furieuse d'avoir encore gâché une soirée avec mes enfants pour ces gens-là. Dans la voiture, je réfléchis. Je ne veux plus agir en fonction de tel ou tel. Je ne veux plus avoir peur des rumeurs et des jugements. Je vais agir selon mes convictions. « Fais confiance à ton instinct, de toute façon, quoi que tu fasses, ils te critiqueront. »

Parallèlement, l'aventure politique continue. Jérémy, Hayk, Côme, Christophe et moi-même sommes conviés à une réunion par Jean-François Barnaba et Alexandre Jardin. Nous nous retrouvons dans un magnifique restaurant parisien, avec une vingtaine d'hommes en costume cravate. J'ignore qui ils sont, sans doute se sont-ils présentés, mais je suis arrivée en retard. Chacun y va de son idée : un syndicat, une coordination, un parti, une liste aux européennes, ou pas de liste, une association... Je sens que ces hommes sont à mille lieues des gilets jaunes et de nos revendications. Je prends la parole pour le leur dire. La réunion se termine sans décision particulière, nous descendons, notre groupe reste boire un verre. Un homme vient me chercher pour m'informer qu'on veut me parler. Là, je découvre le gros dégoûtant qui m'avait déjà proposé son argent à *La Provence*. Il est assis à une table, sur laquelle deux couverts sont dressés. Il essaie de m'amadouer, me parle de sa vie pleine de trous, explique qu'il n'a pas toujours baigné dans des affaires propres mais qu'il s'est racheté une conduite, et que désormais il veut aider ceux qui en ont besoin. Il ajoute que j'ai besoin de lui et qu'il va m'aider. Je refuse tout net ; il n'apprécie pas, me dit qu'il me laisse sa carte de visite, qu'il faudra bien que je ravale mon amour-propre. Il me dégoûte encore plus que la première fois. Jamais je n'accepterai un centime de ce type. Je clos la conversation, je le laisse choir à sa table tout seul comme un con. Son *boy* arrive, comprend que l'affaire a capoté, tend son manteau au vieux monsieur. Ils s'en vont. Il tentera encore et en vain de me contacter *via* Facebook. Je rejoins Hayk et le groupe, qui partagent le même sentiment : rien ne sera réalisable avec ces messieurs en cravate. On convient de se revoir entre nous, le dimanche suivant, chez Brigitte. C'est là que tout s'est décidé.

7

C'EST ÇA, LA POLITIQUE ?

24 janvier. Ce soir, je fais ma première émission télé en tant que tête de liste aux européennes. J'ai promis l'exclusivité à France 2, ils l'annoncent aux titres du journal de 20 heures. Ma place s'est décidée à l'arrache et en mon absence, trois jours plus tôt, lors de la réunion chez Brigitte, en banlieue parisienne, avec Hayk et toute la petite troupe. C'était un dimanche, j'étais avec les enfants chez moi en Normandie, nous échangions donc par téléphone. Ce jour-là, nous avons résolu collectivement de nous lancer en politique, et de créer notre liste pour les élections européennes. Nous avons trouvé le nom RIC, Ralliement d'initiative citoyenne, un clin d'œil évidemment au RIC, Référendum d'initiative citoyenne revendiqué par des gilets jaunes. En fin d'après-midi, Fred m'a rappelée pour me demander si j'acceptais de prendre la tête de la liste. Je cochais à leurs yeux toutes les cases : femme, mère seule vivant

de boulots précaires et mal payés en zone rurale, et médiatisée. Cette proposition était vertigineuse, mais, au fond, pas plus que ma vie depuis le mois de novembre 2018. J'ai accepté, sous réserve que tous soient d'accord avec cette idée. C'était le cas.

Pour ce lancement du RIC à la télévision, rien n'est prêt. Nous avons juste des noms sur une liste, une pauvre page Internet, et pas de programme. Nous faisons tout trop vite, comme toujours dans cette spirale des gilets jaunes, mais Marc Doyer a insisté, il voulait que nous prenions de vitesse une potentielle liste concurrente. Dans la loge, l'ambiance est euphorique, tendance colo de vacances. Nous sommes des citoyens qui allons aux européennes, la fleur au fusil, nous allons tout déchirer ; tout va bien se passer. Nous sommes une dizaine. Hayk est absent, il est censé s'occuper de mes relations avec les médias, être un peu aussi directeur de campagne, mais il a justement un plateau ailleurs ce soir. Notre RIC est un bazar improvisé où chacun fait ce qu'il veut et n'importe quoi. Nous buvons des sodas, nous mangeons des petits fours… enfin, eux. Parce que moi, j'ai comme d'habitude la peur au ventre, stress, moiteur, envie de vomir, je tremble de partout, et l'étau dans ma gorge m'empêche de boire ne serait-ce qu'un verre d'eau.

Je descends. Pendant qu'on m'installe le micro, je souris à une gilet jaune du Nord, à côté de moi.

Elle reste glaciale. Ce ne sera pas une copine, je m'y attends, j'en ai pris mon parti, je m'en fiche désormais. Rachida Dati, membre des Républicains, ex-ministre de Sarkozy, vient me parler : « Je suis fière de vous, j'ai été aide-soignante pendant mes études, je connais bien les difficultés. »

Nous sommes tous debout et nous allons entrer dans l'arène. Je regarde à ma gauche, je vois l'équipe, je me sens soudain en confiance. À ma droite, Jordan Bardella, tête de liste du Rassemblement national, le parti de Marine Le Pen. Il faut y aller. C'est parti. Ce soir, je n'ai pas mis mon gilet jaune. Je représente une liste « issue » des gilets jaunes. Parmi les autres invités, on compte Jean-Michel Blanquer, ministre de l'Éducation nationale, Marlène Schiappa, secrétaire d'État chargée de l'égalité entre les femmes et les hommes, Anne Hidalgo, la maire de Paris, du beau linge. J'interviens pour marteler que cette liste va enfin permettre au citoyen d'avoir son mot à dire dans le jeu politique.

La journaliste Léa Salamé se tourne vers la gilet jaune du Nord.

« Vous n'êtes pas d'accord ? »

Cette dernière se lève, remontée comme une pendule.

« Non je ne suis pas d'accord. Je ne voterai pas pour elle. Et je lui dis carrément, il faut qu'elle enlève son gilet jaune ! »

Je lui réponds :

« Je ne l'ai pas là.

— Elle a créé un parti politique, ce n'était pas le moment de créer un parti politique, c'était pas maintenant. C'était pour faire le buzz, vous avez gagné, vous faites le buzz, vous avez rencontré madame la ministre (Marlène Schiappa).

— Vous aussi, vous allez la rencontrer bientôt dans le Pas-de-Calais.

— Mais moi, je ne vais pas le cacher à tous les gens du secteur. Pourquoi vous n'avez pas osé en parler ? Pourquoi vous ne l'avez pas dit aux gens qui vous suivent : "Je vais rencontrer le ministre" ? Qu'est-ce qu'il y avait de mal à ça ? Pourquoi vous avez encore fait ça dans le dos des gens ? Vous êtes une vraie femme politisée ! Et puis c'est tout, vous pouvez enlever votre gilet ! C'est mort !

— C'est merveilleux, on est en train de faire de la politique : entre politiciens on se tire dans les pattes même dans son propre camp ! J'ai rencontré madame Schiappa au début du mouvement parce que moi je suis toujours dans la communication. Deuxièmement, je n'ai pas créé de parti en mon nom, j'ai été désignée tête de liste. »

S'ensuit une discussion confuse entre elle et moi, que Thomas Sotto interrompt.

J'ai l'air calme tout au long de cet échange, mais je bous intérieurement : « Pour qui va-t-on encore passer avec un tel spectacle ? » Nous sortons du plateau, l'émission est finie. Une réception est prévue à la sortie. Tout le monde mange ses petits fours et boit des coupes. Y compris celle qui m'a agressée verbalement. Je la regarde s'empiffrer, je n'ai même pas envie de lui parler. Je vois que les insultes pleuvent sur mon téléphone. Je m'y attendais, je m'en fiche presque. On finit par se forger une carapace. Certaines sont carrément menaçantes, comme celle-ci : « Comment va la menteuse ? Tu es fière de toi de mentir au peuple ? T'as pas honte au moins pour les enfants que tu as mis au monde ? Sache que nous sommes partout. Et te moquer des gens qui sont mal te retombera dessus. C'est ce qui nous arrive quand on fait du mal. Pour l'instant tu jouis du bonheur que ça t'apporte d'avoir fait ça, mais tu vas redescendre. » J'ai appris aussi, bien longtemps après, que Jérôme Rodrigues, figure du mouvement, avait lui-même critiqué publiquement ma nomination sur son Facebook : « Tu auras bien foutu ta merde pour une poignée de billets. Je suis déçu, les vrais gilets jaunes on ne lâche rien. » Je lui en ai beaucoup voulu, il s'en excusera plus tard.

Toutes les figures du mouvement souffrent de la violence des réseaux sociaux et s'en plaignent. Je pense que le fait d'être une femme décuple les dérapages d'ordre sexiste et sexuel. Beaucoup de messages m'attaquent sur mon physique.

« La place doit être bonne, elle a pris 30 kilos depuis le 17 novembre, vendue. » Comme si je m'engraissais sur le dos du mouvement. Oui, je grossis parce que je mange très mal, des sandwichs à la volée, et que je n'ai plus le temps de faire du sport ! « Avec cette coupe de cheveux, tu ressembles à une actrice porno des années 1980 », suivi d'émoticônes de crotte. « Les rouquines ça pue », « Quand je te regarde j'ai envie de dégueuler » ou encore : « Retourne faire ta vaisselle. » Les joyeusetés arrivent aussi par courrier directement à mon domicile. Je suis dans les pages blanches, tout le monde sait où j'habite, c'est si facile de me retrouver. J'ai reçu une lettre pleine de selles, et plusieurs menaces de viol d'un même taré. Ces dernières m'ont valu d'aller déposer plainte au commissariat et de passer quelques nuits éveillée, à imaginer des bruits de porte qui s'ouvre. Elles m'ont effrayée, mais elles ne m'ont pas arrêtée. Si on cède à la peur, on arrête de vivre, de construire, d'avancer. Et puis les courriers positifs, les encouragements, les remerciements, les sourires et les pouces levés dans la rue ont toujours largement compensé ces torrents de haine.

Je reçois un message d'Éric Drouet, ou plus précisément une série de messages qui s'étalent sur quelques jours, aux styles différents. Certains, bourrés de ses fautes habituelles, d'autres potentiellement écrits par une autre personne.

Le 24 janvier : « Bon, on va avoir de grosse divergence » ; « Nous allons vous demander de faire votre campagne sans arborer de gilet jaune ni d'utiliser les termes gilets jaunes RIC ou autre ! Les gilets jaunes ne veulent pas de liste. »

Je réponds le 26 : « Peut-être que l'on pourrait commencer par discuter, Éric, nous sommes d'accord sur bien des points et nous devrions parler plutôt que de se diviser publiquement. Je t'ai toujours soutenu même si je n'étais pas d'accord. Tu as le soutien de beaucoup sur les réseaux mais tu ne connais pas mes soutiens et mon réseau. Bonne journée et bonne manifestation que je soutiens également. »

Lui, le 27 : « J'ai rien contre toi personnellement » ; « Mais faut pas utiliser ce nom pour des européenne. »

Je lui réponds : « Je comprends ce que tu dis, Éric, et je n'ai rien contre toi. Mais on est gilets jaunes aussi. Comment faire ? Tu sais autant que moi qu'il y aura une liste européenne, et ce sera pas forcément des gens qui sont dans la merde comme nous. Je veux bien faire, franchement et il faudrait être partout. Je pense qu'il faut en parler ensemble. On va pas continuer à passer pour des cons comme ça ?!? »

Lui : « Ingrid les filles jaunes te demande une chose simple enlève ton gilets jaunes et n'utilise pas le mouvement a des fins personelle » ; « c'est une demande de tout les gilets jaunes (98 %), il ne veullent pas de cette liste je sais pas comment te le dire. »

Il a lancé un sondage sur sa « La France en colère !!! » comme il le fait pour tous les sujets. Mais Éric représente une frange des gilets jaunes, plus radicale je pense, pas tout le mouvement. En outre, ainsi que je le lui écris, n'importe qui peut voter lors de ses sondages et sa page est évidemment infiltrée par La France insoumise, voire l'extrême droite. Je sais bien que beaucoup de gilets jaunes ne veulent pas de liste politique, ils sont allergiques à tout ce qui est politique. Mais les élections européennes sont dans quatre mois. D'ici là, les samedis dans la rue vont les user, j'espère qu'ils évolueront dans leur jugement, qu'ils comprendront l'importance d'une issue politique pour le mouvement.

Je relance Éric quelques jours plus tard, pour le rencontrer. En vain. Il se contente de me répéter les mêmes arguments et il ajoute : « je tes jamais casser du sucre sur le dos » ; « Je test toujours respecter » ; « je suis juste la pour te prevenir a chaque fois. »

Je m'étais préparée aux reproches extérieurs, pas à mon propre malaise. Je n'y connais pas grand-chose en questions européennes, et pendant ces jours où je représente le RIC, ma mission me pose problème. Quand, sur un autre plateau, on me demande si je suis pour une Europe des nations ou une Europe souverainiste, je suis bien incapable de répondre. On me souffle des éléments de langage. On veut faire de moi une politicienne, que j'apprenne par cœur le mémento de l'eurodéputé. J'ai l'impression d'être une marionnette. Si mon message est bien passé jusqu'alors, c'est parce qu'il était sincère, je parlais avec mes tripes, mon cœur, je disais ma vérité. Là, je joue un rôle, je ne suis pas moi, et ça se voit.

Dans l'équipe, je suis quasiment la seule à ne pas être entourée d'un petit noyau de proches. Il y a des clans : d'un côté, le groupe de Montargis mené par Jérémy et Fred, de l'autre, celui de Christophe Chalençon et Hayk… Dans ces clans, on lutte pour le pouvoir. Je les vois manœuvrer autour de moi. Il n'y a pas une journée sans embrouilles sur le fil de nos conversations en messagerie cryptée (comme beaucoup de gilets jaunes un peu paranos, nous sommes persuadés d'être sur écoute et n'utilisons pas les messageries classiques). Ça se déchire, ça s'engueule, et je n'aime pas cette ambiance, le stress, les querelles et les sautes d'humeur des uns et des autres. Je découvre que certains ont été encartés dans des partis de gauche et de droite avant le mouvement, on nous le reproche.

Au niveau organisation, ce n'est guère mieux. Je me souviens de ma première journée de tête de liste, le lendemain de la fameuse émission de France 2. Je dors dans l'hôtel réservé par la chaîne. Le lendemain, j'ai rendez-vous chez RTL, puis Bourdin sur RMC, puis BFMTV et LCI… le tout dans la même matinée. Un planning de dingue qui nécessiterait d'être orchestré, or il ne l'est pas. Hayk, trop occupé à courir les plateaux, n'assume pas son rôle de relations médias/direction de campagne. Il s'est couché tard et ne répond pas au téléphone alors que je suis sur le ring depuis 6 h 30. Je cours dans Paris. Je suis dans la panade, je n'ai pas de taxi, pas les adresses. Il me refile au dernier moment son plateau chez France Info TV parce qu'il n'a pas envie ou le temps d'y aller. Un plateau de plus ou de moins, après tout, je ne suis plus à ça près. Devant la caméra, je dois agir comme si de rien n'était. L'après-midi, nous avons une réunion au bureau de Fred, à Boulogne. J'arrive en nage et contrariée. Des gilets jaunes de Nantes sont là. Ils gèrent un groupe Facebook « Gilets jaunes of the world ». Ils me montrent leur page, sur laquelle je vois des messages qui m'insultent et ma photo barrée avec un sens interdit. Ils continuent à parler entre eux, comme si je n'existais pas. « Quelqu'un modère votre page ? », je leur demande. « Oui, on est modérateurs. » Je sens que la colère monte. « Et les messages de haine à mon égard, les *fake news*, ça ne vous gêne pas de les laisser ? » Ils sont un peu embêtés. « Non mais tu sais bien que les gilets jaunes ne veulent pas aller aux européennes. » C'est un sketch. « Vous vous rendez compte de ce que vous laissez publier ? Vous avez l'impression que je suis malhonnête là, quand je vous parle ? » Ils ne savent plus quoi dire. Je pars aux toilettes et je m'effondre. Je me ressaisis, je respire. Ils se taisent quand je reviens dans le bureau. « Vous n'imaginez pas la difficulté d'avancer sans être conspuée. » Hayk essaie de me réconforter. « C'est normal de craquer, tu es fatiguée. » L'échange avec ce groupe va durer plusieurs heures. Ce jour-là, je dois participer à l'émission de Cyril Hanouna avec la ministre Marlène Schiappa. Je décide d'annuler. Je n'aime pas les émissions de cet animateur, j'ai déjà refusé trois fois d'y aller, alors dans mon état, c'est un effort trop gros pour moi. Hayk me propose de prendre une chambre d'hôtel pour que je dorme : « Tu es épuisée. » Je refuse dans un premier temps, l'équipe insiste. Je finis par accepter.

Dans la chambre, il y a une baignoire. Je m'y plonge, je mets du Ossie Woods, *Les Nouveaux Riches*, un de mes titres préférés. C'est du piano. J'adore aussi la musique classique et l'opéra, même si ça ne fait pas très gilet jaune. Quand je veux me calmer ou écrire, je mets souvent ce titre et toute la *playlist* qui suit, ça m'apaise. Je ferme les yeux. Il faut que je relativise. Vers 23 heures, je reçois un message de Hayk qui veut passer me voir. « Accorde-moi deux heures, c'est important. » Il est trop tard, je n'en ai pas la force. Le lendemain, je rentre chez moi en train. Je suis vidée. Deux jours après, Hayk met un message sur Facebook disant qu'il prend du recul avec la liste. Nous venons à peine d'annoncer son lancement et le directeur de campagne démissionne déjà ! L'info est relayée par tous les médias. Nous avons l'air ridicule. Je me dis qu'il faut continuer quand même, ne serait-ce que pour les gens que j'ai emmenés dans l'aventure, et qui y croient. Mais, dans la foulée, Marc Doyer, à qui les gilets jaunes reprochent son ancienne proximité avec LREM, démissionne. Il ne supporte plus les pressions et les menaces. Il a peur. La presse révèle parallèlement que Brigitte Lapeyronie, qui a été conseillère municipale à l'UDI, est toujours encartée chez le très à droite Nicolas Dupont-Aignan. Nous l'ignorions. Je suis d'autant plus déçue que je l'appréciais beaucoup pour son franc-parler et sa sincérité. Évidemment, elle ne peut pas rester. Elle part, mais comme c'est elle qui a créé le site, elle emporte tous les codes de la page Internet, les statuts de l'association, et, accessoirement, les droits du RIC dont elle a déposé le nom.

Six jours seulement après sa création, la liste part en vrille. Je garde la tête haute, mais, à l'intérieur, c'est la folie, je ne sais plus vers qui me tourner. Christophe Chalençon a l'air satisfait du « recul » de Hayk, il s'empresse de prendre la place. Ce forgeron, entouré en permanence d'une cour de filles, a un certain charisme avec son accent du sud, ses cheveux poivre et sel, ses chemises de bûcheron, son côté « mâle » sûr de lui qui parle fort et se parfume à outrance. Je le reconnais, ce parfum, Terre d'Hermès, pour l'avoir mis en bouteille quelques mois dans ma vie. Mais il est aussi, comme je le découvrirai peu à peu, incontrôlable et sans limites, capable d'« assumer » devant la presse la comparaison entre Macron et Hitler lancée par certains membres de sa liste ou d'annoncer sérieusement que des paramilitaires préparent un coup d'État. Il est aussi machiste, odieux avec les femmes qui osent le contredire. Ce qu'il m'arrivera bien entendu de faire. Dès que Hayk part, Christophe Chalençon multiplie les réunions avec Ayouba et Côme. Les échanges avec eux deviennent délicats. Nous décidons avec Fred de nous retrouver tous autour d'une table. Chalençon refuse que ce soit dans le bureau de Fred à Boulogne, il propose une chambre de bonne parisienne prêtée par un couple d'amis. Je prends donc le train, puis le métro, puis je gravis des étages, pour arriver dans une pièce nue, avec une table, quatre chaises, un canapé-lit, un évier et une cabine de douche. Fred et moi avons apporté de quoi travailler. Pas le trio, qui arrive les mains dans les poches. Nous ne le savons pas, mais ils viennent de passer trois jours ensemble, et sont déjà très avancés dans leur stratégie.

Christophe Chalençon veut nous présenter François Lucciardi, surnommé « le Chinois »... car il est d'origine chinoise. Il travaillerait au Parlement européen, il aurait une stratégie de communication pour le RIC. Ils l'ont déjà rencontré. J'accepte de le voir : toute aide est bonne à prendre. Nous nous mettons d'accord sur la nécessité de structurer notre RIC, avant de rencontrer les figures politiques qui le souhaitent. Nous sortons acheter un sandwich. La discussion tourne autour du nombre de signatures imposées aux éventuels candidats qui souhaitent se joindre à la liste RIC, il est convenu que chaque candidat fournisse vingt signatures de soutien, mais Ayouba estime qu'il faudrait que chacun en apporte au moins cent cinquante. Je lui dis : « OK, mais si tu le demandes aux candidats, il faut que nous nous l'imposions à nous aussi. » Il n'est pas d'accord et s'énerve, j'argumente, il crie de plus en plus fort, je ne lâche pas le morceau. Il me dit : « Ferme ta gueule. » Chalençon joue des coudes pour que je me taise. Fred et Côme prennent ma défense... Ça part en vrille. Depuis le départ de mon ex-mari, je m'étais promis de ne plus jamais me laisser rabaisser et malmener par un homme : je m'y tiens.

La rencontre avec François Lucciardi est organisée le 3 février, dans un hôtel de Montargis. La veille, l'acte XI des gilets jaunes était spécifiquement consacré aux blessés et aux mutilés. Beaucoup de manifestants arboraient des sweat-shirts avec une barbe de pirate et un œil barré d'un bandeau noir, évoquant de façon stylisée Jérôme Rodrigues. Quelques jours plus tôt, la figure du mouvement a été blessée gravement à l'œil par un tir de LBD place de la Bastille. Jérôme était en train de filmer et de demander aux derniers manifestants de se disperser en fin de manifestation. Rien dans son attitude ne montrait la moindre agressivité envers les forces de l'ordre. J'étais sur un plateau télé quand la nouvelle est tombée. J'étais très choquée, c'est un homme que j'apprécie, parce qu'il est intelligent, pacifique et politiquement modéré. J'ai exprimé aussitôt mon soutien. Le 29 janvier, il m'a envoyé un message : « Serait-ce possible de se parler ? » Il était encore à l'hôpital. Nous nous sommes joints par téléphone, il voulait que nous fassions une photo de famille avec toutes les figures du mouvement pour montrer notre cohésion. J'étais enchantée. Je n'ai plus eu de nouvelles ensuite. Le 15 février, quand il confirmera sur sa page Facebook qu'il a définitivement perdu son œil, je lui enverrai ce message : « Salut Jérôme, un message pour te dire combien je te soutiens, je t'envoie une grosse dose de courage, tu es fort mais même fort on a besoin d'être soutenu. Je t'embrasse très sincèrement. » Il n'a pas répondu, sans doute submergé de messages.

Jérôme Rodrigues, en rejoignant la cohorte des gilets jaunes mutilés par des tirs de LBD ou des grenades de désencerclement, est devenu une icône pour le mouvement, le symbole d'une répression d'État démesurée. Les forces de l'ordre épuisées, obligées d'obéir à des instructions qui les dépassent elles-mêmes sans doute, multiplient des interpellations de plus en plus violentes, et les plaintes à l'IGPN (Inspection générale de la Police nationale) pleuvent. À cette époque, j'échange avec certains policiers et CRS, ce sont des hommes et des femmes de la base comme nous, habitués des petits salaires et des heures supplémentaires non payées. Lors des premières manifestations, les gilets jaunes leur disaient : « Rejoignez-nous, vous êtes les enfants du peuple », et puis, au fil des violences de part et d'autre, le fossé s'est creusé. Je vois des gilets jaunes de ma région se radicaliser. Sur leur page Facebook, certains ont l'air de se réjouir de ces samedis à se faire gazer, disent combien ils ont hâte d'y retourner le week-end suivant. Je suis sidérée par une de mes tantes. Elle est auxiliaire de vie, s'occupe d'enfants en situation de handicap. Mère de trois enfants et veuve depuis deux ans, elle passe tous ses samedis sur les manifs, en tête de cortège, là où c'est le plus dangereux. Elle fait des selfies avec les Éric Drouet et compagnie, et répand sa haine sur les réseaux sociaux, y compris contre moi, sa propre nièce, qui a l'indignité de vouloir faire de la politique. Je me demande comment elle en est arrivée là. Je ne la reconnais plus. Que veut-elle ? Mourir en martyr et laisser ses enfants orphelins ? Pour quel résultat ? J'ai la sensation qu'il n'y a plus aucune barrière. Les black blocs, ces groupes d'extrême gauche et d'anarchistes, anticapitalistes et anti-flics, ainsi appelés parce qu'ils s'habillent tout en noir, sont omniprésents dans les manifestations. Ils viennent casser du flic ; les gilets jaunes le savent, ils les accueillent en complices, voire en sauveurs et protecteurs contre les violences policières. D'aucuns les rejoignent même. Le 16 mars, acte XVIII, les Champs-Élysées seront mis à feu et à sang, certains gilets jaunes feront une haie d'honneur aux black blocs.

La violence ne résout rien, je l'ai toujours pensé. Elle excède les Français qui nous soutenaient et les détourne du mouvement. Elle fait rentrer chez eux les gilets jaunes pacifiques. J'en veux au président de la République et à son gouvernement. S'ils avaient écouté, pris la mesure du malaise et annoncé de vraies mesures dès novembre, nous n'aurions pas connu ce déchaînement. Si je me mettais à leur place, comme le disait Raymond Aron, je dormirais très mal la nuit. Je ne supporterais pas de savoir que des hommes et des femmes ont perdu un œil ou une main à cause d'ordres que j'ai donnés, dans le cadre d'une répression dénoncée par l'ONU et la Ligue des droits de l'homme. J'aurais sur la conscience ces lourdes condamnations pour des murs de parpaings montés devant les préfectures, des rixes un peu houleuses, des trains SNCF bloqués sur les rails durant quelques minutes. Je me sentirais tellement coupable d'avoir agrandi les fractures au sein de mon peuple. Quel gâchis.

Cette bataille de rue est une impasse, je l'ai toujours su. J'ignore où me mène ce chemin du RIC et des élections européennes, mais j'essaie au moins de le parcourir sérieusement. Pour cette énième réunion du dimanche, je ne veux pas sacrifier encore mon temps avec mes enfants. Jérémy et sa femme me proposent gentiment de nous héberger tous les trois dans leur maison de Montargis. Nous partons le samedi en train, Fred nous récupère à Saint-Lazare pour que l'on fasse route ensemble. Nous nous entendons bien, c'est comme un ami pour moi. Je rencontre Myriam, l'épouse de Jérémy que j'ai déjà eue au téléphone plusieurs fois, c'est une chouette femme. La journée passe vite, nous n'avons même pas le temps de visiter la ville, nous discutons beaucoup.

À l'unanimité, nous pensons que Christophe Chalençon entraîne le groupe dans un délire préjudiciable pour la liste. Nous décidons que nous le dirons le lendemain. La soirée se poursuit à coups de cigarettes dans la cuisine et de William Peel. Enfin, pour eux. Je les regarde enchaîner les verres et refaire le monde avec la voix qui s'élève de plus en plus.

Le dimanche 3 février, dans la salle de l'hôtel, une foule de gens va et vient, que je ne connais pas. Ce sont des amis de Ayouba, dont Mamoudou Bassoum, champion de taekwondo, qui provoque à l'époque son petit effet médiatique en endossant le gilet jaune quand il gravit les podiums. J'ai su après coup qu'il était en position éligible sur la liste du communiste Ian Brossat, cette réunion était en réalité complètement infiltrée par le parti. Nous commençons nos échanges sans le fameux Lucciardi. Christophe Chalençon est fidèle à lui-même, chemise de bûcheron et mains dans les poches. Ayouba, à qui je n'adresse plus la parole, ne supportant plus sa misogynie, montre un diaporama qu'il ne sait pas expliquer, ce n'est manifestement pas lui qui l'a préparé. C'en est presque comique. J'ai un fou rire avec Myriam, la seule autre femme de l'assistance. Il nous engueule. Lucciardi arrive. Il pose son ordinateur : « J'ai une heure trente, et après je m'en vais. » Il est électrique, ne tient pas en place : « Il faut tout lui expliquer. » « Lui »... c'est-à-dire moi ! Ce monsieur parle de moi en employant la troisième personne pendant tout son exposé, comme si je n'étais qu'un pion abstrait. Il nous projette un PowerPoint. Je résume sa stratégie : prôner l'extrême droite, fermer les frontières, sortir les Noirs et les Arabes, rafler toutes les voix du Rassemblement national, le parti de Marine Le Pen, et défoncer Macron dans trois ans. Je me décompose sur ma chaise. Il faudrait que j'aille sur les plateaux dire : « À bas les Noirs et les Arabes » ? Je prends la parole : « Jamais vous ne m'entendrez dire des choses qui ne sont pas en lien avec ce que je pense. » Je suis dans une colère noire. Mes compagnons du RIC m'expliquent que je ne dirais pas exactement les choses de cette façon, mais que la stratégie de fond est « bonne ». Je repars avec l'impression d'avoir perdu mon temps avec un parasite qui cherche à profiter du mouvement et à le dénaturer. Il est tard, Marc Doyer me raccompagne jusqu'à Paris ; les enfants s'endorment à l'arrière de la voiture. Marc se lâche, il me confie qu'il a le sentiment de s'être fait manipuler. Ses contacts qui militent encore pour LREM lui auraient en fait soufflé l'idée de faire cette liste du RIC, et surtout de la lancer vite pour contrer ceux qui battaient le pavé avant nous. Dans un même souffle, il explique qu'il a quitté la liste pour ne pas nous faire de l'ombre, mais qu'il ne faut rien lâcher. C'est surréaliste. Cet homme serait arrivé en service télécommandé pour nous précipiter dans l'eau, a quitté le bateau dès que celui-ci a tangué, et nous dit maintenant : « Non mais vous, surtout, continuez. » Je reviens chez moi, éberluée par cette nouvelle journée. C'est ça, la politique ?

Le lendemain, Marc m'envoie un message : « Est-ce que tu veux que je passe te chercher demain à la gare Saint-Lazare ? » Je ne suis pas au courant d'un quelconque rendez-vous. Nous sommes lundi, je suis dans ma cuisine, je m'occupe du petit-déjeuner des enfants, je ne comprends rien.

« Comment ça ? Pour où ?

— Bah pour voir Luigi di Maio ! »

Luigi di Maio est un ministre italien, patron du Mouvement 5 étoiles, un parti populiste. Nous nous étions pourtant dit et confirmé le 31 janvier, à Paris dans la chambre de bonne, que nous attendrions d'être un peu structurés pour rencontrer des personnalités européennes et Christophe Chalençon a monté une réunion aussi importante derrière mon dos ? J'hallucine. Je les ai vus la veille et ils ont tous fait comme si de rien n'était. J'appelle Fred : « Mais qu'est-ce que c'est que cette histoire ? Ça veut bien dire que Chalençon et compagnie vont rencontrer le ministre, et sans moi ? » Il me répond : « Je n'étais pas au courant non plus, mais on va venir te chercher, Ingrid, et tu pourras y assister. » Je rétorque que je ne suis pas un pion. De plus, ils ont organisé la réunion à Montargis. Je me calme finalement, il faut sauver les meubles, je propose qu'ils viennent au moins en Normandie. Ils font mine de réfléchir, pour finalement conclure que ce n'est pas possible en raison du service de sécurité mis en place. Je suis furieuse. Si cette réunion s'ébruite, et elle va forcément s'ébruiter, c'est moi qui vais devoir en rendre compte sur les plateaux et devant les gilets jaunes ! Le rendez-vous a bien lieu. En fin de journée, le bras droit de Luigi di Maio m'appelle. Il a demandé mes coordonnées téléphoniques, il veut me faire part de sa surprise face à mon absence, m'assure qu'ils seraient évidemment venus en Normandie si on le leur avait proposé, et estime qu'ils ont été bernés eux aussi. Marc Doyer, Ayouba, Chalençon et les autres sont de leur côté euphoriques, et postent une photo de la rencontre sur les réseaux sociaux. Ce que je craignais arrive. Les médias réagissent aussitôt sur le thème « La rencontre des populistes ». La visite fait d'autant plus de bruit qu'elle crée un incident diplomatique, l'État français étant furieux de ne pas avoir été prévenu de la présence sur le territoire d'un ministre étranger. Je ne me sens plus du tout en confiance avec cette équipe. Le bateau coule, et moi, je n'ai aucune envie de couler. Je veux construire.

Le 12 février, je suis à Paris. Je rencontre Julien Bayou, le porte-parole du groupe écologiste EELV. Nous filmons notre entrevue en *live*, elle est diffusée instantanément sur Facebook. C'est la condition que j'ai émise pour le voir, car je ne veux plus être accusée de rencontrer des politiques en cachette. Tout doit être transparent, jusqu'à l'absurde. La discussion se passe très bien, sauf que l'ami qui filme décide d'arrêter le *live* avant l'heure, tant il est choqué par la violence des commentaires qui s'affichent sur l'écran. Toujours cette haine... j'ai appris à vivre avec. En sortant, j'appelle Fred pour savoir ce que fait le groupe, si on peut en profiter pour se voir, il me répond : « On a vu un sociologue, et là, on va voir Hayk. » Je suis surprise que Hayk fasse de nouveau irruption dans nos échanges, il n'a pas donné signe de vie depuis sa « prise de recul », il a même créé son propre mouvement entre-temps. Je conclus : « OK, rappelez-moi quand vous serez sortis. » Il le fait : « On a décidé que si on n'avait pas avancé au 15 mars, on fusionnerait avec son mouvement. » Ils décident de fusionner, comme ça, sans me concerter ? C'est la goutte de trop. Je suis une fois de plus prise pour une potiche, une tête de gondole. « Sois belle et tais-toi », c'est fini.

Le 13 février, à 13 h 55, j'envoie ce message sur notre groupe de messagerie cryptée Signal :

Tout s'organise dans mon dos. Hier, Côme, Ayouba et Fred ont été voir Hayk. Ils parlaient d'attendre le 15 mars pour éventuellement faire main dans la main. Je vais avancer de mon côté et dire « qui m'aime me suive » parce que là, ça devient plus du tout un système démocratique propre mais une théorie du complot et ça, c'est impossible pour moi. Je veux défendre les valeurs de ceux qui souffrent et non entretenir les ego des uns et des autres. Je ne veux pas faire carrière, mais faire changer les choses pour plus de justice sociale, une démocratie intensive et contre tout type de discrimination : racisme, sexisme, etc. J'ai créé un groupe de débats ouverts sur Facebook où rien ne sera censuré, pour que tous puissent participer. Plus que jamais, plusquejamaisGJ@gmail.com où me contacter. Je vais prendre du recul et surtout pas me précipiter, je ne veux pas vendre mon âme au diable. Ceux qui veulent faire du propre suivront s'ils le souhaitent. Je vous embrasse, Ingrid.

Je sors de tous les groupes de discussions. Ils tentent de me joindre, ils ne comprennent pas. Sauf Myriam, la femme de Jérémy, qui m'écrit : « Tu as tout à fait raison, prends soin de toi. » Je suis embêtée pour ceux que j'ai emmenés dans l'aventure. L'un d'eux m'écrit : « On fait quoi des gens qui ont été contactés pour être affectés aux différents pôles ? Et de ceux qui n'attendent qu'une chose, c'est de faire avancer le projet ? Là, tu plantes tout le monde et le travail qui a été fait jusqu'à maintenant. Et je parle pour moi aussi. Je ne comprends pas, je n'arrive pas à te joindre, appelle, je voudrais que tu me dises "où on va et avec qui". » Je lui réponds sans tarder : « Je ne pars pas pour aller sur une liste quelconque. Je fuis un RIC qui pue et qui risque de nous retomber dessus. Je fuis les magouilles, je reste terre à terre. Libre à vous de voir si vous voulez servir le peuple ou faire carrière. Pour moi, j'ai choisi de rester moi-même sans stratégie, sans précipitation. »

J'ai de la peine, mais je ne changerai pas d'avis. Je renonce, et je ne veux pas qu'on me fasse flancher. Le soir même, je dois aller sur LCI. Guy, mon pote gilet jaune, m'accompagne. Cette fois, nous venons en train. Nous arrivons à LCI, lorsqu'un membre du RIC débarque. Il veut me faire écouter une conversation téléphonique qu'il a enregistrée – certains enregistrent nos échanges, ils sont décidément tous fous ! Dans les écouteurs, j'entends une voix que je reconnais : « Il faut adopter une stratégie pour démolir Ingrid. Balancer des fausses infos. » Je ne sais pas d'où provient cet enregistrement, ni s'il est sérieux, je suis sonnée. Mais il faut entrer sur le plateau. À ma grande surprise, David Pujadas commence l'émission en me posant directement la question sur ma démission. Je ne m'attendais pas à être la première à m'exprimer. Je suis nerveuse, maladroite, agressive. Pas moi-même. Quand je sors du plateau, Fred veut me parler. J'esquive. Les stratégies, les manipulations, c'est fini, je n'en veux plus. J'ai créé quelques jours avant, le 10 février, une page Facebook, « Plus que jamais », avec un petit noyau de gilets jaunes fidèles et sains. Une nouvelle étape.

8

Plus que jamais

Chère Karine,

Je vais vous parler franchement. Je dois apprendre à jouer à un jeu qui ne m'est pas familier, sans perdre mon âme. [...] Des milliers de personnes venues des quatre coins de la France veulent m'aider à tout prix à créer quelque chose de fort, de grand et surtout d'efficace. [...] Je pourrais tout arrêter et me concentrer sur mes proches et ma petite vie, mais ce serait briser tout l'espoir que vous avez en moi, et que vous me témoignez par des messages d'encouragement à ne pas baisser les bras [...]. Je dois être à la hauteur de cet espoir, et transformer notre élan en quelque chose qui puisse concrètement changer la donne ! Pour cela, j'ai créé un groupe Facebook, http://www.facebook.com/groups/PlusQueJamais, afin que les messages que vous m'adressez soient adressés à toute une communauté qui se construit peu à peu, dans le débat, l'envie de faire, la bonne humeur.

Comme un rond-point virtuel à l'échelle de la France entière, où chacun pourrait participer, critiquer, argumenter, proposer, s'investir. Une plateforme sans autre modération que les arguments et l'intelligence collective. J'y crois. […] Une sorte de « Wikipédia démocratique »… Enfin, c'est comme ça que je le vois. Pour que nos idées viennent vraiment de nous, et non d'experts ou de technocrates hors-sol.

La crise des gilets jaunes n'a fait que révéler l'immense souffrance de milliers de concitoyens. Et si l'on inclut les chômeurs, les gens des cités défavorisées et les millions de Français qui vivent en dessous du seuil de pauvreté, ça fait un sacré paquet de monde ! Une sacrée force, si on arrive à la structurer ! C'est le combat que je veux mener, Karine.

Je ne trahirai jamais la soif de justice sociale et de démocratie qui caractérise ce mouvement. Je me connais suffisamment bien pour savoir que je ne vendrai jamais mon âme. Sans incarnation, notre parole s'éparpillera, et les communicants professionnels des partis classiques remporteront la victoire et étoufferont notre souffrance derrière leurs propres intérêts, financiers et narcissiques. Je ne peux pas le permettre, Karine. Ce serait avoir lutté en vain.

Je suis au chômage. Je n'ai pas d'argent. Mes trajets sont payés par les chaînes de télé qui m'invitent. J'ai dû annuler ma visite à Bordeaux ce dimanche car il me manquait de quoi complétér le prix de mon billet de train. Je mange des sandwichs et je saute souvent un repas. Je ne vous dis pas cela pour faire l'aumône, mais pour vous expliquer la sincérité de mon engagement pour nous tous. Je sais qu'il y a des situations pires que la mienne, et c'est bien pour cela qu'il faut que les choses changent.

Nous devons nous organiser pour sortir du fatalisme et de la galère. Nous devons agir avec la meilleure volonté du monde et sortir de nos luttes d'ego. Éviter les pièges de l'intolérance. Retrouver le sens de la solidarité. Construire un avenir où il ferait enfin bon vivre. Pour nos enfants, Karine. Nos enfants.

Ingrid

Je poste ce message sur ma page Facebook le 16 février, en réponse à une femme qui, parmi de nombreux autres internautes, m'interpelle. En le relisant, je me dis qu'il reflète vraiment l'état d'esprit dans lequel je me trouve à l'époque. Et encore aujourd'hui. Soulagée d'avoir quitté ce cirque du RIC qui ne me correspondait pas, enthousiaste à l'idée de mener mon propre chemin avec ceux qui le souhaitent, mais un peu dépassée aussi par l'ampleur de ce qui m'attend.

Au moment où j'écrivais ce mot, après ces semaines absurdes en tant que tête de liste, j'aspirais encore naïvement à retourner aux côtés des manifestants. Je prévoyais d'ailleurs d'aller marcher avec eux le lendemain, à Paris. Jérôme Rodrigues m'a alertée quelques semaines plus tôt sur le fait que je risquais de ne pas être bien reçue en manifestation, des gilets jaunes lui ayant remonté cette information. Mais j'étais allée place de la République deux semaines plus tôt sans rencontrer d'agressivité. Je me sentais donc plutôt sereine. À tort. J'ai raconté ce terrible dimanche 17 février et l'expulsion de la manifestation, puis le lundi non moins violent qui a suivi à la clinique de Bernay. J'avais encaissé les insultes sur les réseaux sociaux jusqu'alors, mais cette brutalité physique, concrète, sur le terrain, me fait basculer. Je suis interloquée par le silence des figures médiatiques, qui ne se manifestent pas auprès de moi. Cette absence de solidarité me choque. À Jérôme Rodrigues, le seul avec qui je suis un peu en contact, j'envoie ce message : « Alors, toi aussi tu cautionnes ce que je subis ? Si c'était ta fille dans quinze ans, ta sœur ou ta chérie qui se retrouvait dans ma situation où je subis l'humiliation et le lynchage public, tu serais heureux de constater leur souffrance ? J'ai entendu ce que les gilets jaunes voulaient, j'ai fait une erreur et personne ne condamne ce qui s'est passé. C'est de la pure folie. » Il me répond quatre jours après : « Sur l'ensemble des réactions médias j'ai dénoncé ce qui t'est arrivé à la manif, j'en suis désolé mais je n'ai pas la main sur l'ensemble des manifestants. J'ai aussi pris des seaux de merde sur la tête [...]. Cela n'est facile pour personne, jusqu'à nos familles. Si tu l'acceptes, je te téléphonerai. » Je n'ai pas répondu. Il ne m'a jamais appelée.

Ces deux épisodes consécutifs entérinent la cassure avec le mouvement. Ou, pour être plus précise, avec une partie du mouvement. Parce que, depuis le début, des gilets jaunes pacifiques continuent de me suivre et de me soutenir. Ils n'ont pas toujours adhéré à tout ce que j'ai entrepris, et notamment pas à la liste RIC, mais ils sont restés respectueux, constructifs, solidaires de ce que je portais comme message. Ils sont très nombreux à m'écrire leur dégoût face à ce que j'ai subi, et leur refus de la violence en général. Certains se disent prêts à donner de leur temps, si je veux continuer le combat autrement. Oui, je veux le continuer. Les gilets jaunes m'ont éveillée, réveillée. J'ai pris goût à la politique. Je croyais la détester, je n'avais aucune culture dans ce domaine, mais j'ai découvert le bonheur de creuser un sujet, de le comprendre dans sa complexité, de réfléchir à des solutions, d'étudier ce qui existe déjà ailleurs, de réinventer. Je me suis passionnée pour le fonctionnement de l'économie et de la démocratie. En tant que citoyen, on se dit souvent : « Mais pourquoi ne fait-on pas ça ? », en pensant que la solution est simple. Alors que derrière, il y a bien souvent une montagne à creuser. J'ai découvert que j'aimais creuser les montagnes. Se dire qu'on peut améliorer le quotidien de milliers de personnes, qu'y a-t-il de plus motivant ? S'emparer de cette démocratie malade, réfléchir, innover, proposer, infuser le système de l'intérieur, voilà ce que j'ai envie de faire. Et voilà la mission de #PlusQueJamais, que je perçois comme un laboratoire d'idées, dans le respect des uns et des autres.

Autour de moi, je peux m'appuyer sur un noyau fidèle. Il y a mon cher Guy, dont j'ai déjà parlé. Et Sandrine, alias Germaine. Elle m'a connue à travers les émissions, elle venait sur le marché de Pont-de-l'Arche en espérant me croiser, en vain. Elle s'est un jour décidée à m'écrire une lettre. Je l'ouvre, je vois l'écriture. La beauté de cette écriture… et la beauté de ce qu'elle dit ! Certaines des missives que je reçois sont très longues, je n'ai pas le temps d'aller au bout. Mais celle-ci… Germaine a mis son cœur sur le papier. Le jour même, nous échangeons *via* Facebook. Sur son profil, il n'y a pas de photo, je ne sais pas à quoi elle ressemble, ni qui il y a derrière. C'est aussi ça, le monde virtuel. Je propose que nous nous rencontrions. Il y a un débat à Pont-de-l'Arche, organisé par le maire, dans le cadre du grand débat national d'Emmanuel Macron. Les gilets jaunes conspuent ce grand débat organisé à travers la France pour que les citoyens expriment leurs demandes. Ils y ont vu une manipulation pour contourner leurs revendications, une tentative d'étouffer le mouvement. Ce n'est pas mon avis. Je pense qu'on gagne toujours à échanger et qu'on ne peut critiquer que si l'on participe. J'ai donc bien prévu d'y assister, comme n'importe quelle citoyenne, et j'ai proposé aux gens qui m'ont contactée et n'habitent pas trop loin que nous nous retrouvions d'abord dans un café. Ils sont cinq à venir au rendez-vous. Un contrôleur SNCF, un marathonien, un agriculteur, un retraité et Germaine, petite, charnue, cheveux courts, un grand sweat, un gilet péruvien multicolore et des baskets. Pas coquette. Pas plus que je ne l'étais quand j'étais une femme forte. Je me retrouve en elle. Quand je vois quelqu'un de fort et mal dans sa peau, j'ai toujours envie de lui dire : « Tu peux y arriver, fais en sorte que les choses changent, fonce ! » Elle a été malmenée par la vie, elle aussi. Elle est agent administratif à la mairie, elle a beaucoup de contacts avec les enfants et elle adore ça. Cette femme donne beaucoup. C'est lors de ce café que j'ai rencontré aussi Gérard, cinquante-cinq ans, agriculteur. Il a tous les signes extérieurs du paysan, chemise en flanelle dans le pantalon, sans boutons, tenu par la ceinture. Sauf que Gérard possède une culture générale incroyable et une plume formidable. Lui aussi est devenu un pilier. Avec Germaine et Gérard, doucement, nous apprenons à nous faire confiance. Notre relation s'inscrit dans le temps, elle devient plus dense, comme j'aime.

Et puis, il y a les autres, venus de plus loin : Jérémy, un médecin de centre de travail, la quarantaine. Il est aussi musicien, conseiller municipal dans une petite ville près de Reims, père de deux enfants. Il a soutenu le mouvement, mais n'était pas pour la liste RIC. Quand j'ai proposé cette piste de sortie #PlusQueJamais, il a suivi. Il est calme, posé, engagé, organisé. Il rédige les comptes rendus, les ordres du jour, organise les réunions Skype. Il n'arrête pas de dire « garde ton authenticité, c'est ta marque de fabrique, pas d'éléments de langage ». Je lui en suis très reconnaissante car quand on a essayé de me faire dire des choses, il a toujours été là pour me rappeler qui j'étais.

Il y a aussi Élisabeth, qui vit près de Bordeaux dans la maison de son père, avec son fils, faute de moyens. Elle a une cinquantaine d'années et est invalide à cause d'une maladie. Elle communique beaucoup sur la page Facebook, avec une réflexion très construite. Ou Khalid, entrepreneur en bâtiment en banlieue parisienne, environ trente ans, un homme réservé, adorable, serviable, le genre de garçon avec qui il faut faire attention, car il donnerait tout. Ou encore Franck, quarante-trois ans : nous lui avons bloqué son entreprise pendant des semaines, à la galerie marchande où il tient une franchise. Il a trois TPE (très petites entreprises), dont celle-ci. C'est lui qui a organisé la réunion pour la trêve de Noël. Il est marié, papa de deux enfants, avec une vie très confortable. Il n'était pas du tout pro gilets jaunes à la base, mais il est proche de ses employés dont il connaît les difficultés, et sensible à nos revendications premières. Il a été touché par mes propos lors de notre rencontre avec les commerçants, nous avons continué à échanger nos points de vue par téléphone. Après mon retrait de la liste, nous avons déjeuné ensemble. Il m'a dit : « Lance-toi, monte, progresse, des milliers de personnes vont te suivre. » Il connaît le management, il est très efficace dans la critique positive. Il m'aide à prendre soin de l'équipe.

Il y a encore Jean, un journaliste à la retraite, la soixantaine bien tassée, queue-de-cheval et un petit bouc blanc. Il habite Montélimar. Avec son épouse, il a monté un hôtel-restaurant. Il m'aide dans la rédaction des communiqués, j'apprécie ses analyses. Ou Xavier, la cinquantaine, soignant dans un centre pour polyhandicapés ; Guiseppe, juriste d'une cinquantaine d'années lui aussi, dégagé par son entreprise, et au chômage depuis plusieurs mois. Et tant d'autres encore. Je ne peux pas tous les citer, ils sont pourtant tous si utiles et précieux.

À part Guy, arrivé par mon biais, ces personnes se sont cooptées *via* la page #PlusQueJamais. Elles sont autonomes, postent les infos, lisent les messages, trient, modèrent, répondent, et me renvoient les plus pertinents. Tous font un boulot formidable. Grâce à elles, je ne me pollue plus la tête avec les gens qui m'insultent, elles font écran. Ce n'est pas un fan-club. Elles débattent, critiquent, s'opposent éventuellement. Mais pour construire. Ce sont de belles personnes, saines et fiables, qui me rendent sereine. C'est très émouvant de voir combien elles se sont approprié #PlusQueJamais. Une fois, j'ai dit qu'il me fallait décrocher exceptionnellement deux jours, mes enfants et moi en avions vraiment besoin. Le dimanche soir, quand je me suis reconnectée, j'ai vu que le groupe avait échangé trois cents messages, et bûché tout le week-end ! Je me sens un devoir envers ces gens, je me dis souvent qu'il faut que je prenne soin d'eux. Et la réciproque est plus que vraie. Ils sont protecteurs avec moi et tellement bienveillants. Si je peux aujourd'hui travailler partout où je me déplace, dans le train pour aller à Paris, dans un café entre deux rendez-vous, ou même le soir sur mon lit, c'est grâce à cet ordinateur portable qu'ils m'ont offert pour mon anniversaire. Un outil de luxe pour moi, mais qui se révèle indispensable, puisqu'il me permet d'être libre et d'avancer. Tout un symbole.

Alors, bien sûr, nous avons tâtonné, et nous tâtonnons encore. Depuis le début du mouvement, j'ai tenté de construire, je me suis trompée, j'ai reconnu mes torts et j'ai fait machine arrière. Nous apprenons. Nous avons appris par exemple à refouler les haineux, ceux qui ne savent dire que « Nique Macron », pour construire une communauté de qualité. Nous avons appris aussi à communiquer avec nos vrais mots, et pas ceux des professionnels. Au début, une jeune femme détentrice d'un master de communication a pris la main sur la page, qui s'est couverte de cœurs et autres émoticônes très « girly ». Nous avons vu surgir des éléments de langage fleuris qui ne me ressemblent pas du tout : les lecteurs sont devenus des « Vikings » (parce que la Normandie). On pouvait lire « La déferlante Ingrid Levavasseur », « Sauvons la France ! », « Merci d'être là mes forces. » Je trouvais ça ridicule, et les internautes aussi, qui nous ont allumés à juste titre. Nous nous sommes recentrés.

Dans le groupe #PlusQueJamais, beaucoup attendaient de moi, après mon départ du RIC, que je reconstitue une liste pour aller aux européennes. J'ai réfléchi. Les gens me disaient : « Tu es capable, c'est possible, tu vas y arriver. » Mais arriver à quoi ? À être élue ? Pour faire quoi ?

Aller à Bruxelles, et me retrouver noyée dans une administration énorme sans retombées directes, étudier des textes de loi pendant cinq ans, ne jamais voir les résultats de mes pauvres votes ? En mars, j'ai été contactée par une personne du Parti Pirate *via* Twitter, et incitée à regarder leur site. Je ne connaissais pas ce parti qui s'est créé contre les partis traditionnels en Allemagne, et s'appuie principalement sur la démocratie, les nouvelles technologies et l'écologie. J'ai trouvé le concept de « démocratie liquide » intéressant. Mais j'entendais toujours cette petite voix qui me disait : « Que vas-tu faire là-bas ? »

J'ai définitivement renoncé aux élections européennes lorsque j'ai su que le chanteur Francis Lalanne, Jérémy Clément, Christophe Chalençon, Thierry-Paul Valette ou encore Jean-François Barnaba travaillaient à des projets de listes gilets jaunes concurrentes, au lieu de s'unir. La plupart ont essayé de me convaincre de les rejoindre. J'ai décliné. Et j'ai bien fait, vu le fiasco qu'ont été ces élections. La liste menée par Francis Lalanne, la seule « pure gilets jaunes », a obtenu 0,6 % des voix. Une misère par rapport aux 13 % d'intentions de vote qui étaient imputées à notre liste RIC en février. Pourquoi ce naufrage ? Les raisons en sont sans doute multiples : les élections européennes sont trop éloignées de nos revendications ; les gilets jaunes ont rejeté le principe même d'une liste jaune, qui incarnait ce système politique qu'ils détestent ; d'autres ont préféré voter « utile » contre la liste LREM d'Emmanuel Macron ; les figures Éric Drouet, Jérôme Rodrigues, Priscillia Ludosky et Maxime Nicolle n'ont pas appelé à voter en faveur d'une liste jaune ; le vote gilet jaune s'est dispersé, dissout dans les trente-quatre listes présentes, etc. Mais plus profondément, le mouvement a refusé de se structurer et de laisser des leaders émerger. En s'excluant du jeu démocratique, il s'est sabordé. Nous aurions pu peser dans la balance, nous avons purement et simplement disparu. Et pourtant, nous existons, et nos revendications sont toujours légitimes. Comment les faire entendre ?

Dans le groupe #PlusQueJamais, l'échéance des élections municipales, en 2020, nous a paru être une évidence. Nous avons décidé de nous lancer. Personne n'avait d'expérience politique, ni ne savait comment créer un parti. Nous nous sommes plongés dans ce monde que nous ne connaissions pas. Nous avons découvert que certaines banques n'acceptaient pas les associations à visée politique, que d'autres demandent des procédures spécifiques, et, pour toutes, il faut remplir des dossiers gros comme des maisons. Nous avons naïvement pensé pouvoir faire appel à la générosité de nos concitoyens en ouvrant une cagnotte Leetchi pour couvrir en partie nos frais de déplacements. Mais Leetchi en a décidé autrement : comme certains messages de donateurs parlaient de politique, et que la plateforme ne peut participer à une campagne politique, les 2 400 euros collectés ont été bloqués, et le sont encore. Nous avons passé des heures en *brainstorming via* Skype, à résoudre les problèmes un à un. Pour le nom, je voulais quelque chose de frais, sincère, en lien avec nos valeurs de solidarité, d'écologie et de féminisme. Nous avons trouvé : Éclosion démocratique. Quelques semaines plus tard, nous avons décidé de rejoindre, sous notre bannière, la liste Changer Louviers, lancée par Philippe Brun et deux autres porte-parole. Ils s'appellent ainsi car ils ne veulent pas nommer de tête de liste, ce que je trouve très sain. Philippe est énarque, magistrat à Paris et vit à Louviers. Il m'avait contactée sur les réseaux sociaux dès le début du mouvement, en me disant qu'il pourrait m'aider si j'en avais besoin, et nous n'avons pas cessé d'échanger depuis. Il m'a paru naturel de rejoindre cette liste citoyenne, apartisane, de sensibilité de gauche et écolo, dont je valide à 100 % le programme concocté avec les habitants à coups de porte-à-porte et d'apéros populaires : rénovation des écoles, référendum pour les projets à plus d'un million d'euros, plus d'espaces verts, des menus bio pour les repas des enfants et des seniors, un restaurant cantine pour les personnes âgées, etc. J'aime aussi que ce soit une liste jeune, composée de trentenaires aux profils divers, avec une artiste maroquinière, un ingénieur en assainissement des eaux, une juriste, une assistante maternelle, un invalide, un cuisinier…

Notre première réunion publique a eu lieu vendredi 14 juin 2019 dans la jolie salle des colonnes de Louviers, chargée d'histoire. Je n'étais pas sereine, j'avais peur de me faire lyncher, une fois encore. Deux gars ont assuré la sécurité à l'entrée. Il y avait du monde, une centaine de personnes, parmi lesquelles mon équipe d'Éclosion démocratique, et des habitants que je ne connaissais pas, des curieux, des gens de l'opposition. Et, bien sûr, des gilets jaunes, dont l'un que j'ai reconnu comme étant administrateur de la page Facebook « Louviers » avec Guy. Comment allaient-ils réagir ? Mon cœur battait. Chacun s'est présenté. J'ai lu mon discours, je n'étais pas très à l'aise, je pense que ma voix tremblait, mais le cœur y était.

> Je suis heureuse d'être parmi vous ce soir, je me présente, je suis Ingrid Levavasseur. Aide-soignante vacataire à Rouen et sapeur-pompier volontaire à Pont-de-l'Arche, ville où je vis actuellement, je vais prochainement déménager pour vivre de manière permanente à Louviers. Vous m'avez peut-être déjà vue dans Louviers puisque j'y ai vécu durant toute mon enfance

et également en 2016, ou alors parfois dans les médias, à cause ou grâce à mon militantisme au sein du mouvement des gilets jaunes. Ne vous enfuyez pas, je ne vais pas me mettre à chantonner : « Macron démission ! » Je tiens à préciser mon ambition de construire, n'attendez pas de moi la critique ou alors seulement si elle est accompagnée d'une solution. Je fais ce que je dis et je dis ce que je fais ! Je suis déterminée à ce que les choses changent et convaincue qu'ensemble nous sommes plus forts et nous allons plus loin. [...]

Nous allons enfin proposer un programme avant d'exposer une tête de liste. Et nous allons avoir de quoi faire, puisque nous démarrons de presque zéro, je dis presque zéro puisque notre dose de volonté, de courage et d'optimisme nous fait déjà partir un peu au-dessus. La gestion actuelle de Louviers n'est pas celle que nous souhaitons. C'est une très belle ville, avec un grand potentiel, mais qui manque de chaleur humaine, de bienveillance, de solidarité, d'écoute et de projets communs. Nous avons pu notamment tous constater le goudronnage de notre ville, alors que partout en France on essaie de réduire notre impact sur l'environnement. Il y faudrait des pistes cyclables et des arbres, à la place on y met des gares de bus et du béton, et là où l'on devrait ouvrir le champ des possibles à nos quartiers et à ses habitants, ils sont actuellement cantonnés et divisés au lieu d'être

> rassemblés. Mais je considère que c'est déjà de l'histoire ancienne, car nous allons construire pour nos générations futures. Ce sont nos enfants et nos petits-enfants à tous qui vont vivre dans ce que nous créons aujourd'hui. Nous allons faire en sorte que la ville de Louviers soit la première ville écologique de Normandie [...].

J'ai décliné le programme, puis relevé les yeux. C'était le moment de vérité. Allaient-ils tous me tomber dessus ? Non. Il n'y a pas eu de cris, pas de huées, les gens ont juste applaudi, et m'ont souri. J'ai passé le micro au suivant. Je ne me suis pas trouvée formidable pendant mon discours, pas forcément à l'aise avec ce genre d'exercice, je préfère quand il y a une interaction, mais qu'importe. Quel soulagement ! Le contact a été renoué. À la fin de la présentation, certains m'ont demandé comment j'allais, avec bienveillance. L'ambiance était sereine, bon enfant, constructive. À 22 h 30, lorsque nous sommes partis dîner ensemble devant une bolée de cidre, j'étais pleine de joie. Dans cette aventure, je ne suis pas tête de liste, je n'ai pas de pression, je me sens simplement portée par une dynamique positive. J'ai le sentiment que je vais être utile et cela me rend heureuse.

Une autre association, à but social, est née de nos réflexions : Racines positives. Je suis partie de ce constat : en France, le nombre de familles monoparentales a été multiplié par trois en quarante ans, et la société ne s'est pas adaptée à cette nouvelle donne. J'ai éprouvé personnellement combien le fait d'élever ses enfants seule exclut une femme du champ social. Je dis « une femme », car celles-ci constituent 85 % de ces familles monoparentales. Les hommes refont leur vie plus facilement qu'elles, car ils n'ont bien souvent pas la charge quotidienne des enfants. En France, leur rôle se cantonne trop facilement au paiement de la pension alimentaire. J'ai été confrontée à cette situation : malgré notre séparation décidée d'un commun accord, le père de mes enfants s'est de moins en moins occupé d'eux et le divorce a duré cinq ans. Le jour du jugement, en 2017, le ciel m'est tombé sur la tête. La pension alimentaire a été fixée à 100 euros par enfant, sans garde alternée ! Mon avocate a balbutié que j'étais tombée sur la mauvaise juge. Elle demandait 1 400 euros pour faire appel. Comment payer une telle somme quand on ne peut déjà pas finir le mois ? J'ai replongé dans ma galère solitaire, tandis que mon ex-compagnon menait un train de vie confortable, grande maison, voyages et grosse voiture. Aujourd'hui encore, la vie des enfants au quotidien s'organise sans lui. Même si je dois travailler week-ends et nuits, je sais que je ne peux pas compter sur lui. Comment construire sa vie quand celle-ci n'est qu'une suite d'obligations ? Je ne raconte pas ça pour me faire plaindre, mais parce que cette situation est emblématique de ce que vivent énormément de femmes. Combien sont forcées de multiplier les petits boulots tout en assumant seules leurs enfants ? Combien ont arrêté leurs études parce qu'elles sont tombées enceintes ? Combien sont harcelées mais restent emprisonnées dans leur condition parce qu'elles n'ont pas le bagage scolaire suffisant et ne peuvent pas accéder à la formation adéquate pour rebondir ? J'en ai rencontré tellement, ces derniers mois.

Mon rêve aujourd'hui serait de donner la possibilité à des femmes qui veulent évoluer de vivre le leur. Je veux créer une structure pour les héberger, le temps dont elles ont besoin, pour reprendre des études ou suivre une formation. Pourquoi ne pas monter un projet ambitieux en collaboration avec des collectivités locales ? L'association offrirait un toit, idéalement dans une construction écologique. Le loyer, qui est généralement la plus grosse charge, serait plus que modéré, compensé par les aides que ces femmes reçoivent de la CAF. J'imagine un habitat partagé où chaque famille aurait un logement individuel, avec des lieux de vie communs – cuisine, buanderie, espace de jeux pour les enfants et jardin en permaculture. Cette structure offrirait la bienveillance que j'ai connue dans le foyer qui nous avait recueillis, avec ma mère, une solidarité informelle au sein d'une communauté protectrice et chaleureuse. Les femmes auraient accès aux services d'une MAM (maison d'assistantes maternelles), dont profiteraient aussi des parents des communes aux alentours. On pourrait par ailleurs envisager des services utiles à la région, une médiathèque en accès libre, une salle multi-usages à louer… Un lieu comme celui-ci pourrait remettre en marche des femmes à l'arrêt et les transformer en super championnes.

Je crois à ce projet et je pense même avoir trouvé l'endroit où je pourrais lancer le premier centre. Quand j'en ai parlé à l'équipe de #PlusQueJamais, elle a tout de suite adhéré. J'ai ensuite testé le concept auprès de toutes ces personnes que j'ai la chance de croiser aujourd'hui, sociologues, intellectuels, architectes, journalistes, personnalités du monde associatif et politique… Je n'ai reçu que des retours positifs et des encouragements. J'y crois.

Depuis des mois, je me nourris intensément. Mon esprit s'ouvre, mon horizon s'élargit, c'est passionnant, enrichissant, humainement et intellectuellement. Je me sens enfin affranchie, libre de construire. Sans crainte du regard des autres. Récemment, j'ai été invitée sur Arte, et j'ai rencontré sur le plateau Étienne Chouard, défenseur du fameux RIC. C'était une personnalité controversée. J'ai été vivement critiquée par certains pour avoir posé le temps d'une photo avec lui. Il y a six mois, je n'aurais jamais osé répondre par ce mot sur ma page Facebook :

> Aux petits étroits du cerveau : je connais des Noirs, des Arabes, des Blancs, des musulmans, des juifs, des bouddhistes, des athées, des gays, des lesbiennes, des libertins, des échangistes, des asexués, des pauvres, des riches, des très très riches, des véganes, des végétariens, des bouffeurs de viande de cheval, des écolos, des sexistes, des machos, des tatoués, des petits cons et des gros cons, des très gros cons et de très grosses connes, des handicapés, des gros, des maigres, des gens beaux, des gens moches, des qui sentent bon, des qui puent, des gens malades, même des fachos de gauche et de droite, des gilets jaunes et des foulards rouges, des vieux, des jeunes, des fous... [...] Je puise en vous ce qu'il y a de meilleur pour m'enrichir humainement et faire grandir mon esprit. Alors, continuez de critiquer peu m'importe, sachez que ça m'instruit. [...] Je dis ce que je veux, à qui je veux, où je veux et quand je veux ! [...] Je me garde le droit d'évoluer pour faire avancer ce qui semble nécessaire avec ceux qui veulent construire.

J'ai d'ailleurs évolué : entre-temps, j'ai découvert que les positions ambiguës d'Étienne Chouard sur l'Holocauste me le rendaient infréquentable.

À l'heure où j'écris, huit mois après le début du mouvement, je continue de recevoir des messages de gilets jaunes, venant de toute la France. Ils me demandent de les rappeler, ils sont plus nombreux d'ailleurs depuis que les élections européennes sont passées. Comme s'ils se disaient : « Maintenant, on va peut-être pouvoir faire quelque chose d'Ingrid. » Les manifestations se sont essoufflées, la violence a montré qu'elle ne menait à rien, les ronds-points ont du mal à reprendre, ils cherchent un second souffle. Certains, que je croisais dans ma région au début du mouvement, ont complètement disparu, ils sont rentrés chez eux, la frustration intacte. Beaucoup continuent de se voir, maintiennent des liens forts entre eux. La fraternité retrouvée ne s'est pas éteinte. À Louviers, Guy et ses collègues des ronds-points se voient encore chaque mercredi soir, davantage pour parler football et boulot que stratégie. Ma tante continue de vomir en vain sa haine des policiers. Hayk Shahinyan m'envoie un message de temps à autre, il a ouvert une salle de sport à Bordeaux, essaie d'arrêter de fumer. J'ignore s'il veut encore être président de la République, mais son mouvement politique existe toujours. François Boulo, l'avocat, poursuit les conférences, il est manifestement toujours en campagne. Francis Lalanne, Jérémy Clément et Fred Mestdjian ont l'air de vouloir maintenir leur Alliance jaune jusqu'aux élections municipales. À la galerie marchande de Tourville, les affaires ont repris normalement. Les commerçants me sourient et me demandent de mes nouvelles quand je vais faire mes courses. Celui qui craignait de devoir fermer sa franchise fraîchement achetée me salue gentiment quand il dépose son fils à l'école qui est celle de mon fils. Tout semble s'être un peu apaisé. Mais rien n'est réglé pour nous, pour ceux qu'Emmanuel Macron a appelés avec mépris les « jojo » en gilet jaune, les « Gaulois réfractaires », « les fainéants » qui n'ont pas « le goût de l'effort », ne veulent pas travailler alors qu'il suffirait de « traverser la route ». Je suis déçue que le Grand Débat, après trois mois de réunions dans toute la France et 12 millions d'euros investis, ait accouché d'une souris. Je suis choquée que Notre-Dame reçoive un milliard d'euros de dons en vingt-quatre heures après son terrible incendie, alors qu'on a tant de mal par ailleurs à trouver des fonds pour aider des humains. Et j'ai envie de pleurer quand je pense à mes collègues aides-soignantes pour lesquelles rien n'a changé. Je les ai revues, en mai. #Plusquejamais et nos deux associations ne me rémunérant évidemment pas, j'ai besoin de travailler. J'ai remis cette tenue humiliante, ce pyjama en papier tellement fin qu'il craque régulièrement quand vous bougez et vous laisse les fesses à l'air, alors que vous êtes au beau milieu d'un soin. J'ai travaillé mes 11,5 heures, dont une heure de pause, pour 97 euros nets. J'ai nettoyé les corps et les lits souillés. Je suis rentrée le soir chez moi, épuisée, le dos vrillé. Et j'ai compris que je ne pouvais plus revenir en arrière, comme si rien ne s'était passé.

Ce mouvement a bouleversé ma vie, comme il a bouleversé celle des gilets jaunes, comme il a bouleversé tout un pays. Il a provoqué un éveil des consciences. Il a permis à une population qui n'existait pas dans les médias ni les statistiques de se faire entendre, de se reconnaître en tant que communauté, de relever la tête. Il a fait comprendre aux Français que dans leur pays, des gens ne vivent pas dignement de leur travail. Il a mis en lumière les failles démocratiques d'un système politique obsolète, qui ne répond plus aux attentes de ses citoyens. Nous avons contribué au changement des mentalités, et j'en suis fière. Je ne sais pas ce que va devenir le mouvement, quelle forme il prendra, s'il va s'éteindre pour mieux ressurgir, s'il a encore un avenir. Il marquera en tout cas, j'en suis sûre, l'histoire de France. Je ne sais pas non plus quel chemin précis je vais prendre, moi. Ce mouvement m'a transformée, et j'aime la femme qu'il m'a fait devenir. Avant, j'essayais de construire ma vie et de donner autour de moi. Aujourd'hui, je veux aussi m'engager dans la société, pour lutter contre l'indignité et les inégalités. Et sans doute fallait-il avoir vécu cette drôle de vie et avoir traversé ces épreuves auparavant, pour reconnaître ce moment et oser prendre ce tournant. Ma situation n'est pas confortable, j'ai démissionné en janvier de ma formation d'ambulancier, j'ai vécu ces derniers mois essentiellement de l'aide de mes amis et de ma mère, je ne sais pas où je vais, ni jusqu'où Éclosion démocratique et Racines positives me porteront. Pourtant, je me sens à ma place, dans cette mission qui me happe. Je me dis que la vie n'a pas tout chamboulé ainsi pour n'aboutir à rien. Il y a un chemin, j'écoute mon instinct, je le suis, je verrai bien où il me mène.

Je n'ai plus jamais enfilé mon gilet jaune depuis la fameuse manifestation du 17 février. Mon corps, mon esprit, tout en moi rejette viscéralement la violence qu'il symbolise. Mais je le garde, là, dans mon placard, avec ses inscriptions intactes, et les traces de sang de Charles, la victime de LBD. Caché aux yeux des autres, mais bien visible aux miens. Comme un rappel intime à mes engagements. Plus que jamais.

Remerciements

Je dis merci à toutes les femmes de ma vie, celles qui m'ont montré le chemin et qui continueront encore :

Ma maman que j'aime, ma grand-mère, mes sœurs, mes cousines Magali et Kathy. Les femmes de ma trop grande famille pour toutes les citer. Et celles qui sont ou ont été sur mon chemin, qui en sont parfois sorties et qui reviennent ou qui repasseront, celles qui illuminent mon cœur par la pensée. Marie : ma mère camelot, la plus douce des mères de cœur ; Claudia, la plus merveilleuse des infirmières. Mes chères amies : Nono, Audrey, Julie, Aurélie, Caro, Hélène, Séverine, Jenny, Manue…

Aux hommes, qui ont fait de moi une femme encore plus forte. Et à mon frère.

À tous les patients que j'ai accompagnés, à ceux qui ne sont plus là aujourd'hui, à leurs familles, leur épouse(x), leurs enfants et leurs proches. À tous les soignants, du corps médical et paramédical de France.

Merci à Flammarion et à Valérie. À mon éditrice, ma chère Clarisse, pour sa douceur et sa patience. Et à ma partenaire, ma très chère Emmanuelle, pour son écoute, pour ce travail main dans la main et nos fous rires.

Et enfin à ceux qui font de ma vie, tantôt paisible, tantôt chahutée, un bonheur incommensurable. Ceux qui remplissent mon cœur d'amour et de tendresse. Ceux qui font de moi une maman très fière : ma douce, ma tendre fille Emma. Et mon petit trésor, mon amour de fils Maël. Je souhaite qu'ils soient tous les deux des êtres forts et qu'ils se battent pour leurs convictions et leurs idées.

Merci à ceux qui me soutiennent depuis toujours, ceux qui me soutiennent depuis le 17 novembre 2018 et ceux qui seront là pour l'avenir. Aux équipes et aux adhérents d'Éclosion démocratique et de Racines positives ; à Germaine, Jérémy, Jean, Ely, Fabienne, Khalid, Guy, Gérard, Teddy, Isa, Franck, Sylvie, Éric, Jean-Louis, Estela, Xavier et Giuseppe…

Table

Cet ouvrage a été mis en page par IGS-CP
à L'Isle-d'Espagnac (16)

CET OUVRAGE
A ÉTÉ ACHEVÉ D'IMPRIMER
SUR ROTO-PAGE
PAR L'IMPRIMERIE FLOCH
À MAYENNE EN AOÛT 2019

N° d'édition : L.01EBNN000655.N001. N° d'impression : 94758
Dépôt légal : septembre 2019
Imprimé en France